大人のおしゃれは、
力の抜き方次第

地曳いく子

JN242905

宝島社
文庫

宝島社

はじめに

こんにちは。地曳いく子です。

前著『服を買うなら、捨てなさい』では、「もはや似合わなくなった過去の服清算法」について考えました。続編の『着かた、生きかた』に少し加筆した本書では、「おしゃれの経年変化」について考えてみたいと思います。

自分で服を買うようになった10代や20代はじめくらいまでのおしゃれは、服の数もまだ少ないし、おしゃれに対する好奇心や冒険心もあるので、とにかくどれだけおしゃれにパワーを注ぎ込むかがポイントでした。

若い頃のおしゃれは、「ファッション武者修行時代」。「力を入れて頑張るおしゃれ」なのです。

でも、30、40歳をすぎてからのおしゃれは違ってきますよね。

若い子たちと同じように張り切っても勝ち目はありません。

頑張りすぎるとイタイ。

そこで、大人は「どこでどう力を抜くか」がおしゃれのカギなのでは？　と、近頃考え始めました。

それに、年齢を重ねるにしたがい、おしゃれにかけられる体力・気力・財力には限りが出てきます。これらすべてをたっぷりかけられる人なんて、選ばれたほんの一握りのセレブだけ。

普通は、体力・気力・財力のどれかが落ちてくるものです。結婚したり、子育てや親の介護などが始まると、すべてが一気にガクンと落ちてしまうことだってあります。

けれど、それでもおしゃれをしたい。素敵を持続させたい。

ならば、やはり「どこで力を抜くか」がポイントなのではないでしょうか。

体力・気力・財力。この3つをまんべんなく頑張ろうとせず、ここは厳しいと思うところは抜いていい。

それだとバランスが悪くなってしまうかも、なんて心配はご無用。バランスよく、全体的にまんべんなく頑張るのがこれまでの世間の常識だったかもしれませんが、そんなことにこだわっているうちは、自分のおしゃれは見つけられない、と本書では断言したいと思います。

これまでがむしゃらに頑張ってきた人であればあるほど、30代なら30代の、40代なら40代の、50代なら50代なりの、「自分のバランス」を、もう一度立ち止まって考えてみてはどうでしょうか。

他人にとっての心地よい服が、自分にも心地よいとは限りません。「ここだけはゆずれない」という部分にだけ、力をかければいいのです。

クローゼットの中身でも食生活でも、時間やお金の使い方は人それぞれ。結果的に偏ってきますが、それでいいのだと思います。

年齢を重ねていけばいくほど、人それぞれです。
それが「個性」であり「スタイル」なのだと思います。
いろいろなものをあきらめきれず、まだまだムダなチャレンジをしてしまう気持ちもわかります。でも、もっと「自分」と向かい合い、今の自分の容姿、そして限りある時間、体力、お金（笑）でなんとかする方法を考えてみると、誰にとっても少し生きやすくなるのではないかと思います。

「着かたは生きかた」なのです。

目次

chapter 1
なぜ、おしゃれに見えないのか?

chapter

2

おしゃれな人が、やっていること・しないこと

chapter

3

スタイルの見つけかた

chapter 4

これからの着かた、生きかた

編集　小嶋優子
構成　植田裕子
イラスト　宮原葉月
ブックデザイン　小口翔平（tobufune）
DTP　藤原政則（アイ・ハブ）

chapter

1

なぜ、おしゃれに見えないのか？

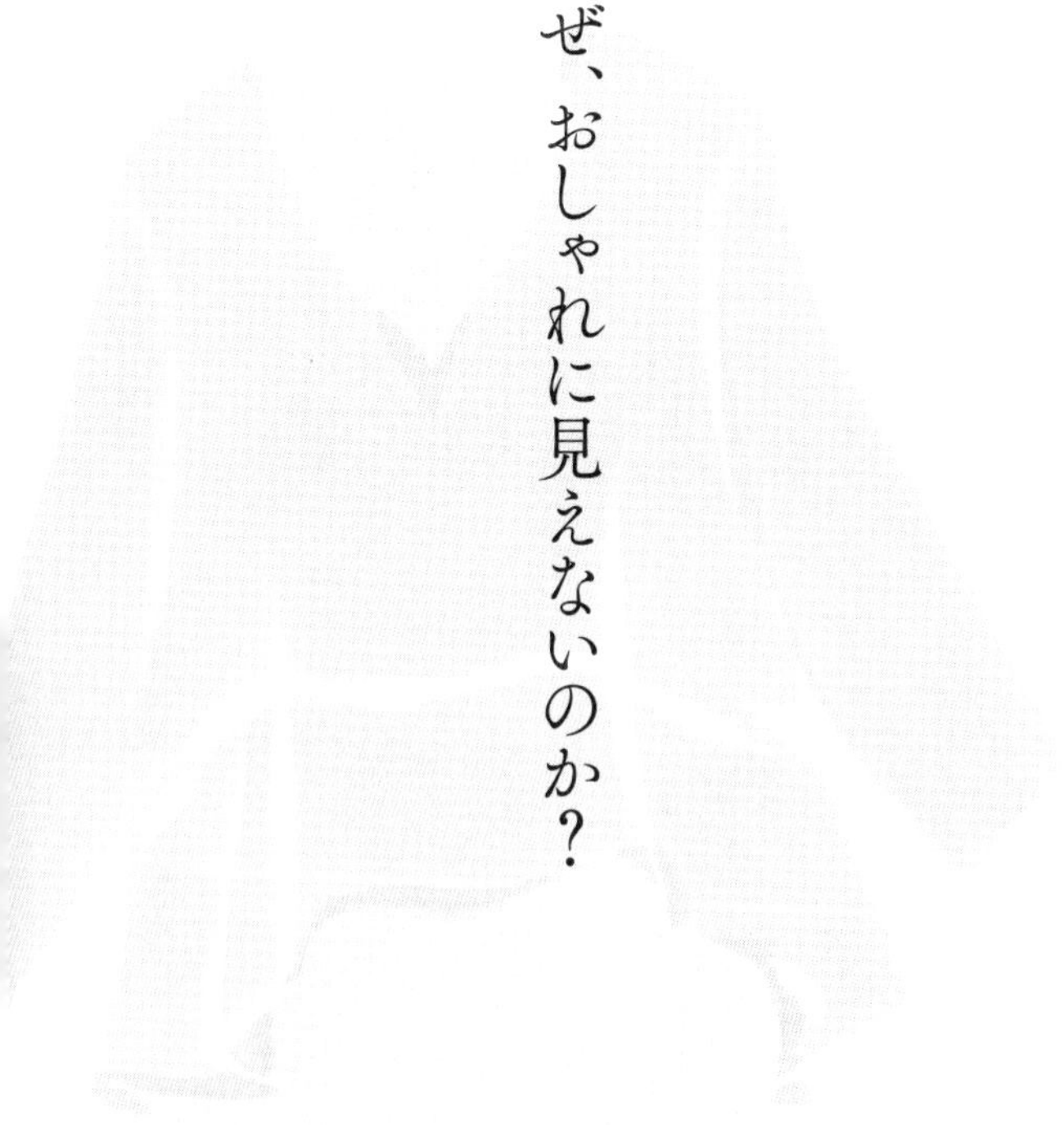

おしゃれに見えないのは、センスの問題ではない

「おしゃれがわからない」ことの本当の意味

のっけからちゃぶ台をひっくり返すようなことを言いますが、「おしゃれ」って、そもそも何でしょう？

みなさん、どう思いますか？

たとえば駅のホームだったり、何かの集まりに参加したとき「ああ、あの人素敵だな」とか「あの着こなしいいいな」と感じる人に、誰でも出会ったことがあるでしょう。

そういう人は、特別頑張っている感じはしないのに、なんだか素敵に見えます。

「それなら私もやってみよう」ということで、そういった人たちが着ているものや着方を、自分も試してみる。すると、おや？　なぜだかしっくりこない。

なんで？　どうして私は素敵に見えないの？

同じようなものを、同じように着ているのに……。

そのうち、頑張るのにも疲れてきて「私は、根本的におしゃれじゃないのかも。あの人たちみたいな容姿でもないし、もともとセンスもないから」と、あきらめてしまう。

こういうことって、よくあることだと思います。

ですが、ちょっと待ってください。

「おしゃれセンスが抜群な人」なんて、実際、どれほどいるのでしょう？

「おしゃれをする条件すべてに恵まれている人」も、果たして世の中に何人いるのでしょうか。

実はほとんどの人が、それぞれに何かしら悩んだり、迷ったりしながらも、服を選んで着ているのではないでしょうか？

あなたは今、なんとなくおしゃれに自信がないかもしれない。

誰でも、若い頃はがむしゃらに猪突猛進《ちょとつもうしん》、無謀さも手伝って「突進あるのみ」でうまくいきました。どんなものでも、勢いで着てしまうことができました。

それがお姉さんになって勢いが減速すると、なんとなく自分の変化や周りの変化が見えてきて、ふと我に返る。そして今、「私はおしゃれが苦手で、何を着ればいいのかわからない」となっている――。

それはおしゃれがわからないのではなく、本当は「現在の自分」のことが、わかっていないだけなのです。

着方と生き方はつながっている

おしゃれというのは、まず「自分」あってのもの。

「自分を知ることからおしゃれが始まる」と言いますが、それはそのとおりで、どんなにセンスが抜群な人でも、あるいはおしゃれをする条件に恵まれている人でも、自分のことをよく知らなければ、結果としておしゃれはちぐはぐになり、「センスはいいけど似合ってない」「スタイルはいいのにダサい」といったことになりがちです。

今の自分のことを具体的につかんでいなければ、「今の自分を輝かせる服」を選ぶことはできません。

もし、どうしても自分がおしゃれに思えないとしたら、それは「自分らしさ」というものを、自分で見つけられていないからです。

今の自分に、自分で向き合っていないからなのです。


「自分を知る」というと、「自分の容姿を把握しなさいということでしょ?」と思う人もいるのですが、容姿だけではありません。

私が思うに、着ることに迷ったり、苦手だったりする人は、人生でも、ついよそ見をしたり、脇道にそれてしまったりして、自分がわからなくなってしまっていることが多いような気がします。

周りにばかり目がいって、自分が本当にしたいこと、好きなことは見失いがちではありませんか? それで、真面目に努力している割にはなんだかいつもつまらないとか、パッとしない気持ちになっている。

そういう人は、ファッションでもやはり周りばかり見て自分を見ていないので、自分に似合っていて自分が好きなおしゃれというものに、なかなかたどり着けないのです。

つまり、生き方が不器用だと、着方も不器用になってしまうということ。

普通、「着ること」と「生きること」は分けて考えられていますが、実はこの2つは同じなのだと、長い間服に関わる仕事をしてきて、今、しみじみそう思っています。

だからこの本では、まず、生き方のところに立ち返って、服を考え直してみようよ！　と言いたいのです。

「まんべんなく」やらなくてもいい理由

全部を狙おうとすると、ブレる

おしゃれで素敵な人というのは、自分というものをよく知っている人です。よく、そういう人のことを「スタイルがある人」と言ったりしますが、この「スタイル」とは、**自分のライフスタイルや志向に合った、自分だけのおしゃれ**のことです。

自分の好きなもの、似合うもの、そして生き方に合っているもの。それを大切にすることで、自然と身についてくる着こなしやファッションの傾向が、スタイルです。

もしみなさんの中に、「ちゃんとトレンドをチェックして、着こなしの勉強をして、お金もかけているのに、どうもおしゃれになっているように思えない」という人がいたら、それは今の自分と対峙していないことが原因かもしれません。

単にトレンドをうまく着こなすとか、世間一般の「おしゃれな人」を目指そうとしてしまっていて、自らおしゃれのハードルを上げすぎていたり、狙う範囲をムダに広げすぎている可能性があります。

たとえば、「今はこれが流行り」「これがイケてる着こなし方」「これぞ定番、マストハブ」と言われても、それが自分に似合わなかったり、好きでなかったりするなら、手を出す義務や必要は、まったくありません。

誰かに言われるままにそのアイテムを手に入れたところで、もしあなたがおしゃれに見えず納得できなかったら、それはあなたにとっての「マストハブ」ではないのです。

「私も持っておいたほうがいいかしら」と思って手を出そうとする前に、落ち着いて考えてみましょう。

人は努力賞を与えてはくれない

かくいう私自身も、実はこれまで、数々の失敗をしてきました。

とっても若かった頃、私は、「スタイリストなんだから着こなせない服があってはならない！」と思い、いつも同じような服ばかり着ている人に対して、「あの人はあれしか似合わないいじゃない」なんて思っていたことがありました。

それで、あらゆる服をなんとか着こなしてやろうとあれこれやっていたのですが、結局、似合わなかったのですね（笑）。おかげで、いつも同じ格好をしている人の考え方もわかりました。その人は、それが似合っていたから、それでよかったのです。彼女は、自分のスタイルを大切にしていただけ。

おしゃれに自信がない人は、似合わないものを着てしまっているだけのこと。本人はそれが好きで似合うよう努力しているかもしれないけれど、見る人はその頑張りを認めて「努力賞」をくれるわけではありません。そこには、「似合わない」という現象があるだけなのです。

切り捨てることから始める

元来真面目で、何事にも一生懸命取り組む日本人は、与えられた課題をこなすことが得意です。だから、「これがおしゃれなのよ」と言われたら、「わかりました！」と頑張って取り入れようとしてしまうのかもしれません。

でも、自分を生かしたおしゃれをしようと思ったら、本当は、もっと自分のために選んで、絞り込むべき。つまり、何かを切り捨てる必要があるということです。

「切り捨てる」というと、なんだかもったいないとか、惜しいとか、「これも着たかったのに……」と、勇気がいることのように感じられるかもしれません。でも、すべてをカバーしようとするほうが、むしろ結果的には損。

自分の苦手なことや好きではないことにまで関わることになるので、疲れるし落ち込むし、大切な時間もエネルギーもムダになるし、もちろんお金も、すぐ足りなくなってしまうからです。


とはいっても、自分の気持ちにしたがって物事にはっきりと優先順位をつけることに、あまり慣れていないのが私たち。

その点、海外の人たちはとても自分がはっきりしています。

ファッションとは離れますが、わかりやすい例を1つ挙げると、海外の人は、ビュッフェでとても偏った取り方をします。

日本では、ビュッフェというと、料理を取りにいった同じグループの4～5人のお皿がだいたい同じような中身になっていたりしませんか？

「せっかくだから、好きなものだけじゃなく、いろいろ取らないともったいないから」

「いっぱい食べないと損だから」

そうやって、料理のテーブルの周りにぐるりと列を作り、まんべんなくいろいろ取っていきます。

ところが海外の人たちは、ベジタリアンの人は野菜ばかり、シーフードが好きな人はシーフード、ローストビーフが好きな人はローストビーフと、本当に好きなものしか取ろうとしません。

彼女たちは言います。

「だって、私はこれが好きなの。どうして好きでもないものを食べなくちゃいけないの？」

言われてみれば、そのとおり。

どうでもいいものをひととおり食べてお腹いっぱいになって太ってしまうより、「好きなものを好きなだけ」食べる。ビュッフェは「自分の都合で選べる」という自由があるわけですね。

そういう、自分をはっきりと持っている海外の人たちは、ファッション面でも当然のごとく偏食家。「苦手だけど、流行っているから着ておかないと」なんて謎の義務感や使命感に惑わされることなく、自分に最高に似合うお気に入りにしか手を出しません。「そのほうが、考える面倒もなくて楽よ」と、さっぱりしたものです。究極の合理主義、とでもいうのでしょうか。

そうして好きなものをとことん追求している分、確かに偏ってはいるけれど、彼女たちはいつ見ても素敵で、自分を最大限に輝かせたおしゃれができています。

偏っているからこそ、素敵。つまり、スタイルがあるのです。

人生もおしゃれも、エネルギーの分散を防ぐ

「選択」と「集中」が大事

そんなわけで、ひとりひとりが自分の好きなものにまっすぐ向かう海外のビュッフェでは、日本のような「まんべんなく一周するための行列」ができません。各自が、自分の席からピンポイントで取りたい料理へ向かう直線ができるだけです。

こういう行動をする人たちは、言うなれば「要領がいい人たち」です。

何でもまんべんなくこなそうとするのではなく、選んで絞り込んだところにだけエネルギーを使い、おしゃれも人生も効率よく回しています。そして結果としてそれが「素敵」につながっています。

もし今、「私は人生もおしゃれも、どちらもうまくいっていない」と感じている人は、「頑張りどころ」をまだ決められずにいるために、エネルギーが分散し

てしまっている状態なのだと思います。

大人は、出されたものを全部食べなくてもいい

私は、ファッションにしても生き方にしても、「すべてが得意でなくてもいい」と思っています。

大人になって仕事を持ったり家庭を持ったりすれば、自由に使える時間は限られてきますし、気力・体力も、年齢とともにどんどん貴重になってくるもの。そんな中では特におしゃれなんて、優先順位が低くなって当たり前です。

それでもおしゃれでいたいのなら、要領よくやるしかありません。

時間もエネルギーも限りがあるのですから、頑張りどころを絞って要領よくやることは、おしゃれだけでなく何事においても肝心です。そうでなければ、人生なんてあっという間に終わってしまいます。

嫌いなものや苦手なものに構っている暇なんて、本当にないのです。「出されたものは、全部残さず食べましょう」なんて、給食じゃないんですから！

成長期である子供の頃は、バランスよく栄養を摂るために、出されたものは残さず食べるよう言われてきました。それは人生の修業時代ですから仕方ないし、伸びしろがあるので全部食べてもムダなエネルギーにはなりません。

でも大人になったら、人生も偏食主義になっていい。苦手なニンジンはもう、堂々と残してOKです。かわりに、ほかのおいしく食べられるもので栄養を摂ればいいではありませんか？

ハンサムウーマン幻想はもう終わり

いろいろと間口を広げる努力や修業は、若いうちだけで十分。かつて日本には、外見は美しく華やかでありながら知的であり、職場でもプライベートでもいきいき輝く、精神的・経済的に自立した「ハンサムウーマン」という理想像がありましたが、それはSNSの中だけにある幻です。そんな「ハンサムウーマン幻想」は、もう終わりにしましょう。

すべてに完璧でなくてもいいのです。30歳も過ぎれば、そろそろ自分の得手・不得手も見極められてきていますよね？　これからは、もっと楽に着て、楽に生きてみることを考えましょう。

似合わなかったり、着こなせなかったりするものは、今のあなたにはいらないもの。やらなくてもいいことなのです。


これからは、やらなくていいことまで頑張るのはやめて、自分が得意で好きだと思える着こなしだけに、その分の予算とエネルギーを充ててください。

不思議なことに、人の視線というものは、お金と時間と気持ちをかけたところに集まるものです。つまり、いいところを磨いて強調すれば、「この人はここがすごく素敵！」と、プラスの印象を残せるということ。

反対に、欠点をカバーすることに必死になると、かえってそこが悪目立ちして注目されてしまいますから、ご用心！


苦手なところまで頑張ろうとしなくとも、自分が好きだと思うものを素直に大切にするだけで、あなたは「素敵な人」「スタイルがある人」になれるのです。

「世間」↓「自分」ではなく、「自分」↓「世間」の順番で考える

「要領よくやるために頑張りどころを絞ろう」と思ったら、取捨選択の基準になるのは、もちろん自分です。それは、おしゃれでも同じこと。

世の中にあふれる多くのものや情報に流されて、自分に似合わないものや、本当は必要ないものといった無理やムダを抱え込んでしまわないためにも、自分の「軸」を立てることが必要です。

この軸がないと、ファッション誌の「働いている女性なら、トレンチコート、7センチのヒールはマストハブ」などというコピーを真に受けてそのとおり頑張ったはいいけれど、気がつくとまた新しいトレンドに振り回されていつの間にかクローゼットが大混乱――という堂々めぐりになってしまいます。

それは、「世間の定番」に合わせただけであって、自分の定番、自分のスタイルに合わせていないことが原因です。

はじめに「自分」ありき

人は社会で暮らしているのですから、もちろん「世間」というものは無視できませんが、世間の前にまず大切なのは自分。

ここを間違え、「世間あっての自分」という順番でおしゃれを考えると、どうしてもちぐはぐになってしまいます。世間というのは、世間の都合であなたに多種多様な「提案」や「義務」を押しつけてくるもの。それらは選択肢が多すぎて選ぶのにとても苦労するし、苦労した割に失敗も多くなります。

一方、「自分あっての世間」であれば、まずは自分を優先させて、自分が心から納得できる、選び抜いた好きなもの、つまり確実に似合う「自分の定番」の中から、世間と合致するものだけを選べばいいので、楽だし、合理的で失敗も少ないのです。

あなたが今、自分にとって必要なもの、優先したいこと、大切なことは何でしょう？

それが何かという自分の物差しを持っていれば、自分の定番を決められるし、本当に持つべきものも見極められます。

クローゼットの中身がいつの間にか混乱していくのは、ファッション誌や他人の意見に振り回されるまま、**「誰かにとっては正解でも、自分にとっては微妙な服」**を、増やしてしまっているということ。

そうやって世間から提案された「誰かのお墨付き」を取り入れ続けるのは、ある意味安心ですし、簡単なことです。

ですが、どんなおしゃれの達人よりも、自分のほうが本当に自分に合ったものを選べることに、賢《かしこ》いあなたならもう薄々お気づきなのでは？　それなら、そろそろ自分の物差しを持たないと「ヤバい」頃合いかもしれません。

「心のコスパ」が実際のコスパ

「いい」か「悪い」かはあなたが決める

ファッション業界も今は、いろいろな人のニーズに合わせて服の売り方が多様化していて、その中から何を選ぶかという基準は、個人が決める時代になっています。

一昔前なら、老舗《しにせ》のビッグメゾンこそ「最先端で上質」であり、量販店で売られている服は「安価で粗悪な流行落ち」という、「いいものはすべてにおいていい、悪いものは悪い」という図式があったのですが、それはもはや崩壊しました。今や、選択肢は豊富にあり、すべてが一長一短なのです。

たとえば、ファストファッションは「縫製は悪いけれど、そのかわり流行感度の高いデザインをいちばん安く早く買える」。セレクトショップのオリジナルブランドは、「品質に安心できる程度の価格で、流行りものと定番もののバランスがいい」など。

そこに、「誰にとってもこれが正解」という絶対の基準はありません。そのかわり、選択肢が多くなった分**「自分にとっての正解」**が、見つけやすくなっているはずです。

学生アンケートが業界に与えた衝撃

振り返ってみると、私たちが若い頃には、どうしてもお金をかけなければできないおしゃれというものがあって、それを手頃な価格で見つけるのは難しいことでした。

ですが今は、ユニクロやH&Mなどを覗けば、ハイファッションと同じようなおしゃれが難なくできてしまいます。そういう意味では、今はおしゃれがしやすい時代になったといえるでしょう。

これは、私たちファッション業界の人間が驚いた話なのですが、服飾専門学校の学生たちに「好きなブランド」についてアンケートを取ったところ、なんと回答の8割がファストファッションだったのです。あくまで、聞いているのは

「買っているブランド」ではなく「好きなブランド」なのに、です。

昔はこの手のアンケートに必ず名前が挙がっていたヴィヴィアン・ウエストウッドも上位に入ってこないし、シャネルなどのビッグメゾンにいたっては、まったくの圏外。

そこで私たちが考えたのは、「きっと彼らは、コピー元である本物のことを知らず、コピーされたものだけを見て『すごい』と思っているのではないか」ということでした。

一般の学生ならともかく、ファッション業界を目指す学生たちでさえもそうなのかと、私たちは衝撃を受けたものです。


ですが、ふと考えてみると、「そういえば私たちも最近、ブランド服なんて手が出なくなってきてるわよね」。

バブルの頃は、ハイブランドの服でもボトムスなら5万円、ジャケットでも10万円くらいまでの価格帯だったので、働く女性はボーナスさえ出ればまあまあ買うことができました。

ところが、今では1点数十万円から数百万円近くするのが当たり前になってしまい、簡単に手を出すことはできません。海外であればデパートやセレクトショップのセールで8割引きくらいまで値下げされたり、お金持ちが救世軍のバザーなどにたくさん出品したりするので安く手に入れるチャンスもけっこうあるのですが、日本ではセールでも半額程度にしかなりませんから、ファッションに携わる私たちでも、気軽に買うことはできません。

それこそ、若者たちが本物に触れる機会がなくてコピー元を知らないというのも、無理もない話です。

ですが若者たちは、それで困っているわけでも、嘆いているわけでもありません。

「ファストファッションは、デザインが優秀で値段が安いからすばらしい」と、自分の価値観で選んだものに満足しているのです。

ハイファッションとファストファッション、どちらが「いいもの」？

昔は、誰もが同じものを「素敵、すごい」と思い、同じものに憧れ、それを目指していました。ですが今は、選択肢が幅広く豊かになったことで、ある人にとっては「素敵」と思えるものでも、ある人にとってはまったく価値がわからないということも多くあります。ここまで変わった今の時代に、「世間一般」という大きな価値観に右へ倣《なら》えして、その中で必死に「イケてる私」を目指すおしゃれ感覚は、もはや意味がありません。

そんなふうに「価値を競う」ことをするくらいなら、「自分にとって価値がある」ことを大切にしましょう。「自分を核にして、自分だけのスタイルを確立する」という価値観にシフトすれば、そこであなたは誰と競うこともなく、あっという間に「イケてる私」になれてしまうのです。

自分のライフスタイルや価値観、目的、使える予算などによって、自分にとっていちばんいいものを選べば、それが正解。

実際、1着何十万円もするビッグメゾンの本物も、それをコピーした数千円のファストファッションも、50メートル先から見れば区別なんてつかないのですから、最後にものを言うのは自分の満足感だけ。

たとえば私は最近、ファストファッションのお店のレジ横に並んでいた、500円のおもちゃのダイヤ風ピアスを買いました。大人なら本物にこだわるところかもしれませんが、単純にかわいいし、遊び心としては十分満足。ただ、それをつけていたら「わあ、1キャラ《carat》ですね、素敵！」とほめられてしまって、「いえ、これは……」と、恥ずかしながらカミングアウトするはめになってしまったのですが。

ともかく、「自分の心のコストパフォーマンス」にどれだけ見合うかということでしか、価値は決められません。心のコスパこそ、実際のコスパなのです。

時代はいっそうパーソナル化へ

今、私はファッション・クライシス？

大人になった人が感じる、「以前はうまくおしゃれできていたのに、最近わからなくなってきた」という感覚。

それは、人生が変化する中で、多くの人が出会う感覚です。

生きていれば、長年の間にはいろいろな生活環境の変化がありますし、自分自身も年齢とともに移り変わっていきます。

ですから、かつては自分のことをちゃんと把握して「これが私のスタイルよ」と上手におしゃれができていた人でも、時が経つとともに「おしゃれがわからなくなる危機」、ファッション・クライシスがやってくることがあるわけです。

時代に合わせた微調整が必要

移り変わるのは自分だけではありません。世の中、時代も、つねに移り変わっています。

世の中が移り変わっているのに、自分のおしゃれ感覚がそのまま変わらなかったら、おしゃれがうまくいかないのも当たり前です。

先ほども触れた、ブランド品がいい例。バブル時代は、円高で海外旅行も今より気軽でしたし、ちょっとしたブランドバッグもボーナス程度で買うことができました。そういう時代に一般的だった、「ブランド品を持たなければおしゃれじゃない」とか「高見えファッション」などというものにいまだにこだわっていたら、おしゃれは負担でしかなくなってしまうでしょう。

もし、「最近なんだかおしゃれがうまくいかないな」と感じたら、それは、自分や世の中を改めて見直すチャンスが来たのだと思ってください。

自分に似合う自分だけのおしゃれとか、自分のスタイルというものは、一度でき上がれば永久不変というわけではなく、生きている限り変わっていく可能性があるものです。

つねに、自分の「今」の生き方を見つめながら、それに合わせて何かを削ぎ落としたり、変えたりと、調整を繰り返して一生磨き続けていくものなのです。

30代からのおしゃれのポイントは「個人化」

そうしたあらゆる変化の中で、自分の物差しを持つ、自分のスタイルを持つということは、30代以降の大人世代にとっては、誰にも共通の課題といえます。

なぜかというと、30代からのおしゃれは「個人化・個性化」していくからです。


10代20代のうちは、ひとりひとりのライフスタイルにそれほど大きな差がなく、個性というものがまだ確立されていない状態です。加えて、肌も気力もピチピチとはちきれんばかりに輝いている若さがあるので、とりあえず流行りの格好をすれば、誰でもかわいくなれてしまいます。まるでスーパーに並んだパック詰めシメジのように、みーんな同じ。実は、そのシメジたちをよく見ると、太いものやら細いものがあり、長さもまちまちなのですが、新鮮でパーンとみずみずしいので、どれも同じに見えるのです。

それが30代以降になると、パックのシメジがそれぞれ、ナメコになったり、マツタケになったりと、様子が変わり始めます。たとえば髪型ひとつとっても、私の世代なら、若い頃はみんな聖子ちゃんカットか百恵ちゃんカットでした（私は違いましたけどね・笑）。それが今や、同窓会で顔を合わせると見事にバラバラ。女性は妊娠・出産に備えて髪を切る人が多いのですが、そのあと、きれいめが好きな人はボブやセミロングにしたり、カジュアルが好きな人はショートのままだったり。お手入れをする余裕がある人はまたロングに戻しているし、大人になってもロックな辛口ヘアが好きな私のような人もいる。つまり、この頃から仕事や家庭、経済状態といったライフスタイルが分かれてくるので、それが体形や顔立ちにも影響して、ひとりひとりの個性が際立ってくるのです。

こうなるともう、「みんなと同じ服」では立ち行かなくなってきますし、どんなに「あの人みたいになりたい！」と思ったところで、どうにもこうにも「あなた自身」の個性が〝ダダ漏れ〟になっているので難しくなります。

ですから、「どうして私にはこれが似合わないの？」「私の体形のここがもっとこうだったら」なんて、この期《ご》に及んでないものねだりをするのは無意味なことこの上ありません。

そのかわりやるべきなのは、今の自分を愛すること。

もしあなたが、自分で自分を愛せなかったら悲しいことです。自分のことをいちばんよくわかって、かわいがってあげられるのは、ほかならぬ自分自身なのですから。

それに、自分を愛せなければ、その自分を輝かせる服なんて、見つけようがないのです。

あなたはすでにスタイルを持っている

ところで。

こんなことを言うと、これまでのお話とは逆のように聞こえてしまうかもしれませんが、おしゃれな人の秘訣としてここまでお話ししてきた「スタイル」というものは、そもそも無理やり作るものではありません。

スタイルとは、ライフスタイルや志向に合った、自分だけのおしゃれであると、先ほどお話ししましたが、言い替えればスタイルとは、「自分の核」のことです。そのときそのときの自分が持っている本質、それがスタイルなのです。

ですから、「おしゃれで素敵な人たちと違って、私はスタイルなんて持っていない」と思っている人も、自分で気がついていないだけで、実は当たり前に持っています。

自分のスタイルがわからないと言いつつも、裸でいるわけではないでしょう？

今も、何かしら着ているはずですよね？　それが、今のあなたのスタイルです。

そんなふうに、無意識にちゃんと持っているのですから、わからないといって悩む必要は、本当はあまりないといえます。

ただ、スタイルという概念があると、迷いがちなおしゃれがグンと整理しやすくなって便利だし、どこを磨いていけばいいのかがわかりやすくなります。だから、あまり堅く考えずに、自分の「今」を大事にすればいいんだな、と思いながら先へ読み進んでください。

イギリスに行って気づいたこと

今、自分のスタイルがわからないからといって、もう遅いとか、無理なんていうことはありません。

気づいたときが、タイミング。

「なんだかうまくいかないな」という不満は、今より素敵になるためのチャンス。

「あれが足りない、これが足りない」という制限も、逆にチャンスとして利用することだってできるのです。

私がこのことを強く感じたのは、実は、最近出かけたイギリス旅行がきっかけでした。


今イギリスでは、ほとんどのものの値段が日本の倍はします。円安であることもあり、電車で移動するにしても、特急電車が日本の新幹線くらいの料金で、普通席に2時間ほどの距離を乗っただけで、2万円以上かかります。

食事にしても、「どうせたまにしか来られないんだし、できるだけいろんな種類を頼んじゃおう」なんていう頼み方をするのは、とても無理。なにしろ駅の売店のコーラが500円、サンドイッチが千円という世界ですから。

そうなると、「本当にこれは今必要なのだろうか」と、立ち止まって考える癖がつきます。これこそ、このイギリス旅行から私が得た最大の収穫でした。

お金がないから単純に節約するというのではなく、いい意味でお金を生かして使うこと。本当の豊かさとは何かということを、学ぶことができたのです。

与えられた条件を生かす

たとえば、移動費を節約するために地下鉄やバスに乗ることばかりにこだわるよりも、3人いればUBER《ウーバー》（配車サービスアプリ）を利用するほうが、便利なうえに安上がりだったりします。黒塗りのハイヤーに迎えに来てもらえるなら、そちらのほうが気分だっていいですよね。

また、イギリスといえばアフタヌーン・ティーですが、今やホテルのアフタヌーン・ティーが5千円程度と、食事代より高くついてしまいます。それなら、泊まるホテルを2千円か3千円ほど格上げすれば、電気ポットとクッキーを添えた紅茶セットが、ちゃんと各部屋に用意されてくるのです。

高い高いと言いながら、今までと同じお金の使い方をしていたら際限なくお金がかかってしまいますが、価値観を切り替え、よく考えてお金を使えば、以前と同じか、それ以上の満足を得ることも可能なのです。

それにイギリスには、物価こそ高くとも、かわりに美術館は無料であったりするという、物質的ではなく精神的な豊かさを大切にする文化があります。そういう場所には寄付金を入れる箱が置いてあるので、私もそこにお金を入れてきました。

　私が入れたお金で、若い人たちが無料で入ることができるのですから、こういうお金はまったくムダではありません。これも、いい意味でお金を生かす使い方のひとつだ、と思います。

　与えられた条件の中で頭を使って工夫し、最大の満足を得る。それは今の時代、おしゃれについても同じことがいえます。コンサバファッションが流行していた20世紀までは、お金さえかければ誰でもそれなりにおしゃれになれました。ですがその後、時代はどんどんカジュアル化していき、もはや今のおしゃれはお金ではつくれなくなったのです。

　その点でも、イギリスからは大いに学ぶところがありました。というのは、別の時期に、私は久々にパリに旅行したのですが、思い描いていたパリとずいぶん様子が違ったのです。世界を代表するおしゃれ都市のはずが、なんだかパッとしない。ランチが50ユーロもするようなカフェに行けば、若い子からマダムまでみな美しく「ああ、パリだなあ」と実感するのですが、街や地下鉄ではみな全体的にかなりラフ。日本の青山や銀座でよく見かける、ソールの赤いヒール靴なんて誰も履いていません。特に、マチュア（大人）世代の女性たちはヘアもメイクもほぼオフ状態。私の目には、「パリジェンヌ」というブランドにあぐらをかいて、進化を止めてしまっているかのように見えました。ひょっとすると、今のパリはおしゃれよりも人生や日々の生活そのものへ関心が向かっているのかもしれません。

さて、そのあとで友人を訪ねてロンドンへ行ってみたら、街行く人たちのおしゃれなこと！　こぎれいですっきりしていて、むやみにお金をかけてはいないものの、気を使っているのがよくわかります。文化的にはトラディショナルでも、人々の魂はモダンなのがイギリス。さすがグレートブリテン、「グレート」が付くだけのことはあるわ！　と、感動したものです。私は最近、サカイのロングスカートがお気に入りなのですが、パリでは妙に目立ってしまってはけなかったこのスカートが、ロンドンでは美術館でもパブでもはいて行けました。もしかしたら、今やロンドンはパリよりおしゃれな都市といえるかもしれません。

ピンチが大切なことを教えてくれる

ところで、大人世代なら誰しもその昔、香港ショッピング旅行に出かけて、安

いからとシルクのパジャマやシーツをついバカ買いしちゃったことはありませんか？（笑）

まあ、あれもバブル時代だから経験できたことですし、それはそれで楽しかったからいいのですが、今やあのシルクのパジャマはどこにいったかすらわかりません。

そういう、お祭りのような楽しさよりも、今の私に必要だったのは「限りある予算でも、偏った贅沢ならできる」と気づかせてくれた、このイギリス旅行だったのかもしれません。

余談ですが、このイギリス旅行で私が購入した服は、必要にかられて買ったキャミソール1枚とタイツ2足、Tシャツ1枚、以上。これまでだったらあり得なかったでしょう。

不便が起きたり制限がかかったりすることは、普通はマイナスに考えがちですが、同じ物事でもプラスに捉えてみれば、結果は変わってくるはずです。

「○○だからダメだ」と思ったら、そこで本当にダメになってしまいますが、

「これは何かを変えるきっかけになるかも」と思えれば、それはチャンスになるのです。

わからなかった自分のスタイルも、気づいた今から見極めて磨いていけばいいのです。


ヒントやチャンスは、人生のいろいろなところに転がっています。それにいつも気づける自分でいれば、おしゃれも人生も、いつからでもシフトチェンジ可能。もはや、ピンチこそチャンスなのかもしれません。

さざ波のような変化に対応していこう

このパリ・ロンドン旅行の話には余談があります。

帰国した私は、結局のところ日本女性こそ、今のマチュア世代の世界的ファッションリーダーなのでは？　と思ったのです。

日本人は、欧米人に比べて容姿のコンプレックスはあるかもしれませんが、そのぶんいろいろな工夫を重ねて気を使ってきたからこそ、こんなにきれいでおしゃれになれた今があるからです。そのことにはぜひ、自信を持ってほしい！と強く思います。

今の日本は優秀なファストファッションに恵まれているというのも、日本女性がおしゃれな理由のひとつでしょう。日本の縫製チェックは非常に厳しいので、プチプラでもそれなりのクオリティが保たれているのですが、フランスの安価なアパレルは縫製もデザインもひどいので、少しお金がある人はユニクロやZARA、H&Mへ行くのです。

今のフランスには、富裕層とそれ以外の人たちとの中間というものがなく、服を買うにもこうしたプチプラ以外は日本円で数十万するような品物しか選べません。特に、パリ市内は家賃が非常に高いため、若者は生活するのにせいいっぱいでおしゃれにかけられるお金などないのだそう。この状況に比べて、選べる自由がある私たち日本人はどれだけ恵まれていることかと改めて思います。

ニューヨークでも変化は起きていて、有名セレクトショップが次々と閉店してブルックリンに拠点を移しているといいます。秋に行ったローリング・ストーンズのコンサート会場では、お客さんはみなライダースかユニクロのダウンジャケットを着ていました。ユニクロは、もはや「ブランド」なのです。

今、私たちはファッションの潮目にいます。今の状況を見て私が思い出すのは、デヴィッド・ボウイの「チェンジス」という歌。「小さな波は大きさを変えるけれど、大きな流れを離れることはない。僕の目に流れる日々も同じ。無常という流れからは逃れられないんだ」（注：私の意訳です）と、彼がすでに1971年に歌っていたように、さざ波はいつしか私たちの生活を一変させ、気づけば大きな変化が起こっています。

日々目にする街の風景はさほど変わらないけれど、そこを歩いている私たちは、もう地図を持ったり電話ボックスを探したりすることはなく、スマホひとつで何でもこなしています。パリにいるときも私は、LINEで日本の編集部と打ち合わせをしていました。一昔前ならSFだったことが、昔ながらの日常生活に溶け込み、「サイエンス・ノンフィクション」の世界を私たちはいつの間にか生きているわけです。

すべては、変わらないように見えて、確実に変わっていく。私たちも、ロンドンのようにモダンな魂をもって、変わり続けていかなければならないのです。

chapter

2

おしゃれな人が、やっていること・しないこと

おしゃれな人は、力の入れどころを知っている

　さて、今の時代を生きるための心構えを意識していただいたところで、この章からは具体的にどうすればいいかのお話をしていきましょう。

　まず質問。

「おしゃれな人」「素敵な人」が、普通の人と実際どこが違っていて、どこで差が出るのか、わかりますか？

　自分のおしゃれを考える前に、まずはそういう達人たちのツボを、具体的に探ってみましょう。

素敵の秘密は、髪と靴

　私が一目見て、「あの人おしゃれ」「いつも素敵」と思わされる人は、上から下まで必ずすべてをビシッと決めている人、というわけではなかったりします。ではどんな人かというと、ズバリ、髪と靴に力を入れている人です。

すべてに力を入れられなくとも、この2点だけで素敵に見えてしまうのです。

髪形が今っぽいと、服がベーシックでも垢抜けて見えるもの。「美人な雰囲気」を作ってくれるのも、服やメイクより、実は髪形です。カジュアルでラフな格好でも、髪さえきちんとしていれば「家からそのまま出てきちゃったの？」とか、やつれている感じには見えません。

また、上質でコンフォータブルな靴は、おしゃれ全体を格上げしてくれるアイテムです。履き心地の悪い靴は、女性を疲れさせてブスにしてしまいますが、いい靴は一日じゅう心地よく美しく過ごさせてくれるもの。

それに、たとえ着ている服が全部素敵でも、履いている靴がイマイチだとすべてが残念になってしまいますが、逆に靴さえばっちり決まっていれば、まあまあの服までもよく見えるものです。

だから、いつでも髪と靴の2点だけをちゃんとしていれば、それだけで第一印象が「なんだか素敵」になってしまうわけです。

しんどいことにエネルギーを使わない

逆にもし、髪と靴も含めて上から下までまんべんなく毎日頑張っていたら、どうでしょう？　予算的にもエネルギー的にも相当な負担ですし、見た目にも気合いが入りすぎてしまって、かえって人にいい印象を与えないかもしれません。

第1章でお話ししたとおり、おしゃれが上手な人は「要領がいい人」。おしゃれな人が素敵に見えるのは、特別に頑張ったり、無理をしているからではないのです。

おしゃれな人はむしろ、嫌いなものや苦手なもの、似合わないものといった**「しんどいこと」にエネルギーを使っていないからこそ、そのおしゃれさが実現できているともいえます。**

「しんどいこと」のかわりに、自分のいいところや、自分に似合うもの、好きなものという「自分にとって心地よいこと」をちゃんと知っていて、そちらをムダなく選べる。つまり、おしゃれエネルギーの使い方を心得ているのです。

反対に多くの人は、おしゃれをしようとするとエネルギーのかけどころをうまく選べず、「どうして私はここが太いんだろう」とか、「なぜこれが似合わないのかしら」ということのほうを気にして、しんどい努力をしてしまいがちです。皮肉なようですが、おしゃれに見えなかったり、素敵に見えなかったりするのは、実はそのムダな努力のせいなのです。

人の視線は、時間とお金と気持ちをかけたところに自然に集まる。

だから、欠点をカバーすることにエネルギーを注ぎ込んだら、かえって「私はここを気にしています！」と宣言しているようなもの。そうではなく、「ここが私のいいところだわ」と好ましく思える長所を磨いたほうが、欠点は目立たなくなるものなのです。

ワードローブは8割完成すればいい

しんどいことといえば、「完璧なワードローブを目指す努力」もそれに当たります。

最近、システマティックにワードローブを組む方法を推奨する書籍なども多くあり、その通りに揃えようと努力する人をよく見かけます。

ですが、たとえ完璧に揃えられたとしても、それは一瞬のこと。だって、気候ひとつとっても、今は変化が激しく、これからもずっと同じとは限りません。秋を飛び越してすぐ冬になってしまったり、その冬がまた妙に暖かかったりして、年間のコーディネート計画が総崩れするかもしれないのです。

ですから、「ワードローブは8割完成」がちょうどいい、と私は思っています。つねに2割くらい、〝ハンドルの遊び〟みたいな部分を残しておいたほうが痛い目を見ずに済みますし、そのときそのときのトレンドに気を配る楽しみもあるというもの。

それに、私の本では何度も申し上げていることですが、どんなにベーシックなアイテムでも数年に1度はアップデートが必要です。完璧なワードローブを作れば一生お買い物しなくて済むわけではないのです。特に大人は、時の流れに無自覚になりがち。子供の頃は、5年も経てば中学生が社会人になるくらいの大きな変化がありますが、大人になると10年前が2〜3年前くらいに感じませんか？ですから、自分では「買ったばかり」のつもりの服がうっかり化石化してしまっていないか、ときどき我に返って見直してみることが必要なのです。

おしゃれな人は、力の抜きどころを知っている

おしゃれとは、野暮なことをしないこと

おしゃれな人がエネルギーを要領よく使うといっても、それは必ずしも「ストイックにムダを省く」ということではありません。

おしゃれとは、そもそも「ムダなもの」。

水や食べ物のように、人間が生きていくのに欠かせない必需品というわけではありません。なのに、なぜ私たちがわざわざ美しく装いたいと思うのかというと、心を満たし、人生を豊かにしたいから。ですから、ムダを省くことは大切としても、そればかりを考えすぎると、装いは味気なく、つまらないものになってしまいます。

おしゃれな人が、エネルギーのムダ使いをしていないのにちゃんとおしゃれという素敵なムダを楽しめているのは、ただ「無理」とか「やりすぎ」とか「不自

然」といった、「野暮なこと」をしないようにしているからです。

野暮なことはしない。
野暮なことは言わない。
野暮なものは着ない。

野暮を避ければ、そこにはちゃんとした「おしゃれの基礎」ができます。そうして余裕が生まれたところに、ほんの少しのムダ（トレンドなど）という遊び心を入れて楽しむ。

それこそが、「粋《いき》」というものです。私も、日々、これを目指して精進中です。

「ないこと」を楽しむ

私自身、長年ファッションの世界に身を置いてはいますが、それは、トレンドのいろいろなファッションを取っ替え引っ替えして楽しみたいからではありません。ただ、「野暮なことはしたくない」という、江戸っ子の粋の美学を持っていたことが、今の自分を作ってきたような気がします。

ゴテゴテと付け足すのではなく、削ぎ落とした少ないものに豊かさを見る「粋」の感覚。江戸の庶民が生んだこの美意識は、今この時代のおしゃれ感覚にも合っていると思います。それは、先ほどお話ししたイギリス旅行中にひしひしと感じました。

これまでは、「ものはないよりあるほうがいい」と競うように買い物をし、「こんなものを持っているのよ」と誇示する、いわゆるアメリカ型の大量消費文化が根底にありました。

でも時代は変わり、日本では経済不況が長く続いています。

そんな中では、何でもかんでも手を出すのではなく、**「バランスが偏った贅沢精神」**とでもいうものを持つべきではないか。そういう価値観があってこそ、物価は高いけれど美術館は無料という、イギリスのような精神的に豊かなものを大事にする社会を作り上げてうまくやっていけるのではないか、と思うのです。

普通はおしゃれをしようと思うと、いろいろなものを買わなければいけないとか、飾りつけなければいけないとか、「足す」ことに意識がいきがちです。そうやって思いきり盛るのも、おばあちゃんになってからだとカッコよく見えたりするのですが、その域にいくまでにはまだ少し時間がありあります。

今のところは、「野暮なことはしない」という、物心《ぶっしん》両面で自分にとってトゥー・マッチなものを削ぎ落とす「引き算のおしゃれ」を目指すのが、負担がかからず、楽なのではないかと思うのです。

おしゃれのベースは、心地よさ

しんどいことはしない。

野暮なことはしない。

まとめると、「素敵な人というのは、あくまで自分にとって心地よいおしゃれをしている」ということになります。


繰り返しになりますが、自分にとって心地よいおしゃれというのは、自分が気に入っていて、素敵でいられて、自分の生き方や志向にも合っているファッションのことです。欠点に気を取られたり、世間の流行に振り回されたりするのとはまるで逆。

おしゃれな人が、個性を生かした自分のスタイルで服を着ることができているのは、自分にとっての心地よさを知っていて、それを大切にしているからです。

つまり、自分にとっての心地よさを極めていくと、やがて「自分のスタイル」に到達するのです。

今、自分のスタイルがわからないと思っている人も、「これを着ていると自分がちょっとよく見えて気分がいい」とか、「着心地がいい」とかいうものを自然に選んで身につけているはず。

スタイルとはあくまで、その延長線上にあるのです。

真似るのは一部だけ

自分の感じる心地よさというものは、当然自分にしかわかりません。その感覚に基づいているから、自分のスタイルは着ていて自然に感じられるし、気分が上がります。

たとえば、憧れのおしゃれセレブのスタイルが素敵だからといって、それを丸ごと真似してみても、おそらく自分にはしっくりこないし、身につかないでしょう。それは、そのスタイルが、自分自身の感じる心地よさに基づいて作られたものではないから。

当然ですが、おしゃれセレブ自身も、決してほかのセレブの丸パクリはしません。なぜなら、それをしたとたんにおしゃれではなくなってしまうと知っているからです。もし真似るとしても、一部だけ。自分に合うところだけを、うまく取り入れるにとどめています。
街で見かけるおしゃれさんにしても、ファッション武者修業時代の若い子はともかく、大人の場合はファッション誌のコーデをそのままコピーという人はいませんよね。

スタイルとは、あくまで今の自分の核のこと。どんなに素敵でも、他人のスタイルをもらってきたりすることはできないのです。

自分の「コンフォート・ゾーン」を知る

「体力・気力」「お金」「時間」の3要素から考える

スタイルのベースになるのは、「心地よさ」だとお話ししました。

それでは、いったい自分はどんな状態を心地よいと感じるのか？　心地よくない状態とはどんなものなのか？

ここからは、それを具体的につかむためのヒントをお話ししていきましょう。

それにはまず、「コンフォート・ゾーン」という考え方をご紹介したいと思います。

どんな状態を心地よく感じるのかは、その人が学生なのか、社会人なのか、結婚しているのか、いないのか、子供がいるのか、どこに住んでいるのかなど、その人の置かれた環境や立場によって当然違ってきます。

コンフォート・ゾーンとは、その人が、自分にとって無理や負担がなく、着ていて気分が上がるおしゃれがどこからどこまでなのかを示すゾーニングです。その人が持つ①体力・気力、②お金、③時間という3つの要素、そこに「好み」「場と相手」というオプションを加えて考えます。

このコンフォート・ゾーンに基づいておしゃれを考えると、人によってどのような差が出てくるのか、例を挙げて見てみましょう。

例1　学生の場合

使えるお金は少ないものの、時間と体力・気力はたっぷりあります。セールをはしごして掘り出し物を探し回ったり、履き心地よりも流行のデザインやお値段を優先したプチプラ靴でおしゃれを楽しめます。私も10代の頃は、代官山、渋谷、青山を一日じゅう徘徊していたものです（笑）。

例2　アラサーOLの場合

仕事が忙しくなってきて、時間はやや少なくなっているでしょう。しかしその分、自由に使えるお金ができてきますし、体力・気力も十分。体力がないと履けないピンヒールだってどんと来い。最もおしゃれを楽しめる人たちかもしれません。

例3　専業主婦の場合

使えるお金と時間、体力・気力すべてに制限が出てきますよね？　ここに属する人たちのおしゃれでいちばん大切なことは、「無理をしない」ということ。OL時代とは違うコンフォート・ゾーンをもとに、おしゃれを組み立てる必要があります。SNSで情報収集し、通販・ユニクロといったファストファッションやフリマアプリを使うなど、工夫で乗りきることを心がけてみましょう。

例4　40～50代女性の場合

若い人に比べてお金のある人が多いですが、子供の進学や親の介護といったいろいろな家庭の事情も入ってきて、体力・気力、時間が絞り取られている世代です。この時期こそ、最も大事なのが「絞り込み」。今の自分の生き方や好みなどに合っていないものはどんどん切り捨て、限られたエネルギーの使いどころを賢く見極めましょう。

コンフォート・ゾーンは移り変わるもの

こんなふうに、一生の間には、就職・退職、結婚・離婚、子育て、介護などさまざまなライフイベントがあり、お金や時間のあるときとないときがありますし、その日の気分や体調の波もあります。ですから、**コンフォート・ゾーンとはつねに変化するもの**と考えてください。「私は今、何に、どこまで力をかけられるかな」ということを、そのつど自覚するのです。具体的に目安がわからない人は、「なぜかこの頃疲れちゃうのよね」と感じたら、それがゾーン圏外へ出ている危険信号だと思ってください。何事も疲れると楽しめなくなってしまいますが、コンフォート・ゾーンの中にいれば、人生やおしゃれを楽しめるわけです。

面白いのは、「体力・気力」「お金」「時間」の3要素は、たくさんあればあるほどいい、というものではないということ。余裕があるのはいいことですが、それだけ気がゆるんで効率も効果も悪くなるのです。

つい、好みに合わないものを買い込んでしまったり、似合わないものに手を出したりしてしまうのは、妙にエネルギーが余っているときだったりしませんか？

反対に、ある程度制限があるほうが、真剣に検討する分、正しい選択ができるものです。

気分を下げる服を手に取らない

以上が、コンフォート・ゾーンの基本要素ですが、この3つに残りの要素「好み」「場と相手」をオプションで加えると、よりはっきりとコンフォート・ゾーンを捉えることができます。

「好み」とは、言うまでもなくあなたが好きだと思うもののことです。

いくら3要素に照らし合わせて、自分に負担がかからず心地よい服でも、その服が好きでなかったら気分が上がりません。

いつも素敵な気分で自信を持って振る舞うためには、心地よさに加えて、好きとか気に入っているということが大切な要素になるわけです。

そして、この「好み」の加減を左右するのが、最後の「場と相手」という要素です。

大人になったら、服を着て行く場と会う相手に合わせて、自己主張の加減を考える必要があります。

私たちは、ひとりで生きているわけではありません。オフィシャルな場面からプライベートなつき合いまで、さまざまな人間関係があります。そこに対応するテクニックとしてのファッション、いわば「対外ファッション」という意識も、生きていくうえでは必要です。つまり、自分の心地よさや好きなもの優先の場合と、「場と相手」優先の場合と、おしゃれには2種類あるのです。

「場違い」という言葉があります。どんなに自分が気に入っていて、似合っていても、場違いな服装であれば、やはりどこか落ち着かずコンフォートとはいえません。自分が気分よくその場にいられるためにも、「場と相手」に合わせた服装は重要です。

ただし、「場と相手」を優先させる場合でも、①体力・気力、②お金、③時間の3要素のコンフォート・ゾーンから、大きくはずれるのはNG。

自分の楽さ、心地よさを確保したうえで、対外ファッションを心がけてください。

おしゃれ度アップのコツは、コンフォート・ゾーンの「ちょっと上」

体も心も楽なおしゃれ

コンフォート・ゾーンを意識しておしゃれを考えるようになると、体も、気持ちも楽になります。

「あのブランドバッグを買わなくちゃ」とか「おしゃれブロガーと同じコーディネートをしなくちゃ」とか、自分でハードルを上げすぎると、ゾーンから圏外へ飛び出してしまいますが、そういう無理をしたり、やらなくてもいいことをやろうとしたりする「エネルギーのムダ使い」を、未然に防げるからです。

また、ゾーンを意識したおしゃれは、自分に合っていて、心地よいところを追求したファッションだからこそ、着ていると深く満足できて気分が上がります。

つまり、ビジュアル的な意味ではなく、本当の意味でおしゃれの質を高めることができるのです。

目標は、コンフォート・ゾーンの「ちょっと上」

ところで、コンフォート・ゾーンの中で快適に過ごすのは大切なことですが、だからといって、ずっと固定化された心地よさの中に安住していては、おしゃれの道からまたはずれてしまいます。なぜなら、コンフォート・ゾーンも、時代やあなたの人生のステージによってつねに移り変わっているからです。

いつの間にかおしゃれが化石化してしまうのを防ぐには、日頃から「自分のコンフォート・ゾーンのちょっと上」を目指すこと。

つねに、その日のゾーンの「ちょっと上」を意識できていればベストでしょう。

もし、「ちょっと上」の部分に、実際に手が届きそうなチャンスがきたら、手を伸ばしてみてもOK。お金とか体力とか、いろいろな意味で普段なら無理そうな服でも、自分の環境が変わったり、収入が変わったり、あるいはセールになっていたりするときがあるかもしれませんからね!

コンフォート・ゾーン自体を、少しずつ上へ上へとスライドさせていくには、つねに「ボトムを上げる」意識を持つこと。下へ下へ引っ張られることには注意してください。

具体的には、ゾーンのいちばん上は、「出先で突然、大好きなスターに会ったときにサインをもらいに行けるくらいの服」。いちばん下は、「コンビニでご近所のおしゃれライバルに会ったとき『あら、こんにちは』とこちらから声をかけられるくらいの服」、と考えておくといいでしょう。

落ち込んだり、疲れがたまっていたりする日でも、「誰にも見られたくない服」とか「家から一歩も出られない服」にまで落ちないよう、ボトムは最低このラインをキープすることを心がけてください。**上を見る元気がないときも、「落とさない」意識だけは持っておく**のです。

人生もボトムを上げて

この「ボトムを上げる」という考え方は、実は高校時代の恩師から教わり、自分の人生の指針にしている考え方です。

当時、美術の田中先生は「上を目指そうとするときに、上ばかり見ていてはダメ。下を切り捨てていくことが大事」とおっしゃいました。これはどういうことかというと、もし、どれほど上手に絵が描けていても、次に適当にやってパッとしない作品を出したら、結局、「なんだ、本当はそんなにうまくないのか」という評価になってしまう。「下」があると、全体がそちらに引っ張られてしまうよ、ということです。

思えばこの言葉は、私の人生のさまざまな場面で、実に有益な効果をもたらしてくれたと思います。

おしゃれの場合も、いくら素敵な服を買い足したところで、ダサい服を捨てずについ着てしまったら「ときどきおしゃれな日もあるけど、ダサい人」。おしゃれな服を買い足すよりまず、クローゼットの中のダサい服を捨てれば、それだけでダサい人ではなくなり、それがさらに上へいこうとする活力にもなります。

「ボトムを上げる」という心がけは、絵を描くことやおしゃれだけでなく、生き方すべてを成長させてくれるものだと思います。早く上へ飛び上がろうと考える前に、まず減点される要素を減らすこと。そして上へは少しずつ少しずつ、薄紙を貼り重ねるように上がっていければいいのです。それを続けていると、知らない間に平均点がグッと持ち上がっているはずですよ。

chapter

3

スタイルの見つけかた

「自分らしさ」は、自分の中にしかない

自分のスタイルとか自分らしさというものは、決して、どこか遠くへ自分探しに行って見つけるものではありません。

誰かから教わったり、もらったりすることもできません。

必ず誰もが、「今ここに」、持っているものです。

彫刻家に見えているもの

こんなお話を聞いたことがありませんか？

「彫刻家は、彫像を彫っているのではない。

あらかじめ石の中に埋め込まれた像を、掘り出す作業をしているだけ」

石や原木などの素材を目にしただけで、彫刻家は、その素材から生まれ得る最

高の作品をすぐにイメージすることができる。あとは、自分が思い描いたそのイメージを現出させるために、余分な部分を取り除く作業をするだけだというのです。

確かに、偉大な芸術家というのはそういうものかもしれません。どんな形の像になるかがあらかじめクリアに見えているからこそ、的確に鑿《のみ》をふるい、素材の余分なところを削ぎ落として、像を彫り上げていくことができるわけです。

私たちのファッション撮影の現場でも、似たようなことがあります。優秀なカメラマンは最初から完璧な絵が見えていて、その絵になるように撮影を行なっていきます。ですが、大きな声では言えないけれど「ヘタ」な人は、ただやみくもにシャッターを切り続けて、いたずらに時間と労力を消費するばかりです。

これらはその道のプロのお話ですが、私たちのおしゃれにおいても、実はこれと同じことがいえます。

私たちひとりひとりが与えられている、「自分」という素材。

おしゃれとは、この素材から、いちばん素敵な像を掘り出す作業である、ということができるのではないでしょうか？

「自分」という素材から、別のものを作ろうとしない

ところが悲しいことに、巷に氾濫する情報が、「自分」という素材を見る目を曇らせています。

つまり、こういうことです。

ファッション雑誌で従来行なわれてきたアドバイスは、ひとりひとりの個性やライフスタイルの違いという「素材」を一切無視して、「はい、いちばん彫りやすいのはウサギなので、みんなでウサギを彫ってみましょう」と、せーの！　でウサギを彫らせるようなものでした。

その場合、たまたま自分の石の中にウサギが入っていた人はよくても、実はキリンが入っている細長い石を持っていた人の場合は、どうやってもいびつなウサギしか彫れません。

「それは、その人が彫るのがヘタだったからだ」とは決していえないと、私は思います。その人はただ、彫るべきものを間違えていただけです。

そこでこの章では、みなさんが「自分」という石の中に持っている、自分のスタイルというもののアウトラインを見いだせるように、これからいくつかの手がかりをお話ししていきます。

その手がかりを使って、自分の石に少しずつ鑿を当てていってみると、今の自分にとって余分だったところが削ぎ落とされ、今まで目が曇ってよく見えていなかった、「自分らしさ」や「自分のスタイル」というものが、だんだん見えてくるはずです。

「体形」という個性

モデルと同じように着こなせない理由

トークショーのあと、私のもとにはよく、「このモデルさんが着ているのと同じように着たいのに、うまくいかないんです」というご相談が寄せられます。親切なスタイリストの方なら、「ベルトをして」「ここをもうちょっと絞って」とか、その人をモデルの着こなしに近づけるような実際的なアドバイスをするかもしれません。

ですが私は正直に、「それは無理です」と言ってしまいます。こういったご相談は、自分の個性から離れたところでおしゃれを考えている典型的な例だからです。

といっても、その方の個性を踏まえたうえでのご相談でしたらいくらでもアドバイスしますので、決して意地悪で言っているわけではないのですよ。どうぞ誤解なきよう（笑）。

同じものを同じように着たのに、なんだか違う。

雑誌のコーディネートをそのままコピーしたのに、なぜかうまくハマらない。

それは、着ているモデルとあなたとは、体という素材の形が違うことを見落としてしまっているからです。


日本女性の平均身長を158センチ前後とすると、これに対してモデルはたいてい170センチ前後。およそ12センチもの身長差があるということになりますが、「長さ」がそれだけ違えば、その中に叩き込める要素も違ってきます。

「長さ」があるモデルは、あまり要素が少ないとあっさりしすぎてしまうので、巻いたり付けたりと「ちょい足し」をしてちょうどよくなるのですが、それをそのまま普通の身長の人や小柄な人が真似すると、大混雑になってしまいます。

「長さ」が足りない分だけ、逆にあっさりさせる必要があるわけです。

また、小柄であってもハイヒールを履けるなら、それだけ脚が伸びますから、叩き込める要素はその分だけ増えますし、さらに肩幅があって胸がフラットな人なら、またその分だけ要素は増やせます。

みなさんの中には、若い頃は平気で履いていた7センチヒールを履かなくなったとたん、似合わない服が増えたという人はいないでしょうか？　それは、7センチ分叩き込める要素が減ったからです。

かくいう私も、30代のファッショニスタ時代には12センチのヒールを平気で履いて、パーティに行っていましたが、その私が今履けるヒールは、せいぜい4センチくらいまで。なんと、8センチも身長が低くなってしまったのです！　まるで、竹馬から降りたような気分です。


このように、似合う服や着こなしは、体形の特徴によってこれだけ変わってきます。

つまり、自分のおしゃれ、自分のスタイルというものは、まず「体形」という個性の上に成り立っているものなのです。

自分の今の体形を客観的に観察すれば、何が得意で、何が苦手なのか、自分のおしゃれを整理しやすくなるというわけです。

コンプレックスがある人のほうがおしゃれになれる

さて、こうお話しすると、「私はスタイルがよくないから、服が似合わない。おしゃれになんてなれない」と悲しく思ってしまう人がいるかもしれません。

ですが、不利とか、制限とか、ハンデと感じるものがちょっとくらいあってこそ、おしゃれはますます洗練されていくのです。

実際、私の周りのおしゃれな人たちは、何らかのコンプレックスを抱えている人ばかりです。

いつもバランスよく素敵に服を着こなしているけれど、顔が大きいとか、腕が太いとか、お尻が気になるといった悩みを抱えていて、そのうえで自分を生かす努力をしています。

確かに、完璧なプロポーションの八頭身美女は、それだけで工夫せずとも何でも着こなせるのは事実です。でも、それだからこそ、かえって教科書どおりの着こなししかしない。何を着てもそれなりに形にはなるけれど、どこかで見たような着こなしばかりで、さほど印象に残らない、といったことが起こります。

自分の体形を魅力的に見せる着こなしを極めてこそ、もしかしたらモデルより光って見えるかもしれない、自分のスタイルにたどり着くことができるのです。

ところで、ここで体形に関してファッション業界から1つ朗報が。

「脚が長いのがカッコいいという時代は終わりました」

はい。昔は、脚が長いというだけでもてはやされていた時代が確かにありました。

今はたとえ脚が長い人でも、おしゃれに何の工夫もなければ、それはただ単に「脚が長い人」、以上です。

あなたにも思い浮かぶ人がいるのではないでしょうか？　近所の○○さんや、女優の△△さん……。プロポーションのいい人は、意外とおしゃれはイマイチという人も多いのです。

カメがウサギを追い抜くとき

恵まれた容姿に甘えて油断してきてしまった人を「ウサギ」にたとえると、その他大勢の私たちはさながら「カメ」。

スタート時点では両者には差があるように見えますが、ある程度年齢を重ねた頃から、ウサギがカメに追い抜かれるパターンがはっきり現れ始めます。

無理をしてウサギの真似をしなくとも、カメにはカメの輝き方がちゃんとありますし、何より「私はカメだわ」と自覚してこそ、個性を生かす努力でウサギを追い抜くこともできるわけです。

そこで、「私もウサギになりたい」とないものねだりをしてしまったら、その時点でウサギには負けてしまいます。ウサギに憧れてウサギの耳をつけただけのカメが、本物のウサギに勝てるはずもありませんから。


そうそう、大事なことを言い忘れていました。

それは、どんなにかわいいウサギちゃんも、年を取るとくたびれてくるということ。毛並みは衰え、自慢のジャンプ力だってパワーダウン。

そのときこそ、カメのチャンスです。磨き抜かれた鼈甲《べっこう》の輝きで、ウサギをかるがる追い抜くことだってできるのです。

サイズは、おしゃれの基本

おしゃれな人はサイズにうるさい

おしゃれな人は、自分のサイズを熟知しています。サイズにとても厳しいから、おしゃれがうまくできているのです。

体は、心と同じように繊細な個性を持っているもの。

たとえば同じ身長・体重であっても、肩幅、ウエスト、腕の長さ・太さ、腰の位置などなど、まったく同じという人は一人としていないでしょう。

たとえば、胸が大きい人は、そこで生地が引っ張られるので着丈が短くなりますし、パンツの場合も、お尻やふくらはぎが張っていたらそこで引っ張られて着丈が上がります。特に女性は、妊娠や生理周期、季節によっても体形が変わりますから、そのときどきで自分のサイズを見極める必要があるわけです。

また、一口に「Mサイズ」といっても、デザインによって大きさにはかなり幅がありますから、Mサイズの一言だけでは安心できません。Mサイズというと最も一般的な体形のような気がしますが、そんなもの、幻想にすぎません。

「そこまで気にしないといけないものなの？」とシビアに感じるかもしれませんが、こうしたサイズの基本を押さえていないと、実は今の時代のおしゃれには対応できないのです。

サイズ感は進化している

というのは、20年くらい前までは「サイズがぴったり合っているのがおしゃれ」だったのですが、今はわざとオーバーサイズなものを着たり、小さめのものを着たりと、「崩し」が入るのがおしゃれという時代になったからです。ぴったり、というのは今やおしゃれの本筋ではなく「前提」なのです。

崩しは、基本を押さえたうえでこそできるもの。ですから今や、サイズの基本を知らない、サイズに疎い人というのは、それだけですでにおしゃれには見えない時代。クラシックバレエで基本のステップを知らずにいきなり踊るようなものなのです。

だからこそ、今よりもう一歩おしゃれを目指すみなさんには、まず今の自分の体形の特徴という基本を知っていただきたいと思います。

そして、マイナスではなくプラスと思えるところを見つけて、そこを大事にしてください。

何度も言いますが、くれぐれも「どうして私の体形は、ここがこうじゃないんだろう。もっとこうしたい」と、ないものねだりをしないこと。自分の個性に合わない、どうしても似合わないものというのは、必ず誰にでもあります。それに手を出さないようにすることが、おしゃれの第一歩なのです。

体形を生かすポイント

では、体形の違いによって着こなしにどのくらい差が出てくるのかということを、大まかな例を挙げてご紹介しましょう。

それぞれの注意点と着こなしやすいアイテムについても書いていますので、「私はどうしていつも顔が大きく見えるのかな」とか、「脚が太く見えるのかな」といった、誰しも抱えているお悩みのためのサジェスチョン（提案）として、ひとつの参考にしていただければと思います。

◎背が高い人（165センチ以上）

背が高い人は比較的何でも似合いやすく、雑誌でモデルが着ているコーディネートをそのまま真似することもできる、お得な体形といえます。

ただ、背が高い分だけトルソー（胴）も長いので、ジャケットのウエスト位置が合っていない人が多く見られます。スーツやジャケットを購入するときは、ウエストシェイプの位置が、自分のウエストのくびれの位置と合っているかどうかチェックしましょう。合っていないと、ジャケットの裾が浮いてしまいます。

身長の割に肩幅があまり広くない、全体的に細身の人は、ボディラインにぴったりしたアイテムで上下揃えてしまうと、シルエットが細くなりすぎてしまいます。ワンピースなら下はふんわりしたデザインなど、メリハリを作るとよいでしょう。トップスは、肩が合っているものを選ぶこと。細身ですから、襟・胸元は盛ってもOK。スーツのジャケットの下にも、フリルやボウの付いたトップスが着られます。

逆に、背が高くて肩幅がしっかりしている人は、襟・胸元に飾りが少なくすっきりしたトップスを選んでください。

◎背が低い人（154センチ以下）

背が低い人は、その身長の中に叩き込める要素が限られるので、いろいろ足そうとするとすぐ「盛りすぎ」になってしまいます。雑誌のコーデを鵜呑みにせず、そこから要素を1つ抜くくらいの気持ちでいきましょう。もし雑誌でスカーフを巻いたり、ベルトやネックレスをしていたら、どれか1つ抜いてみる。すると、ちょうどいいバランスになるはずです。

ロングカーデは、背が高い人ならではのアイテムと思いきや、背が低い人も裏地なしのコートと思って着ると、案外イケるはず。ワンピースやスカートと合わせる場合は、丈を揃えるか、3センチほど短いものを着るとバランスが取れます。

足も小さくて、サイズの合う靴を見つけるのに苦労しているという人は、シューズ・オブ・プレイなど、オンラインでオーダーメイドの靴が注文できるシステムをぜひ活用してください。ちなみに、私の小柄な友人は、デパートの靴売り場の店員さんと仲良くなって自分のサイズを入れておいてもらうというワザを使い、いつもおしゃれな靴を履いています。サイズで困っているからこそ、靴に気を使い、注意してよく探す。だから、おしゃれになれるのです。

服のサイズについては、袖丈や肩が合わなかったりしたら、面倒がらずにぜひお直しをしましょう。お直し代は安くはありませんが、合わないまま着ているよりは、1着服を減らしてでもちゃんとお直しをしたほうが、着姿が格段に素敵になっておしゃれ度がアップします。

最後に、ヘアカットの際は「肩下〇〇センチ」などというヘアカタログの説明文の数字にとらわれず、全身のバランスを見て長さを決めましょう。背が高いモデルの「〇〇センチ」に合わせると、思っていたイメージより長すぎる場合があります。

◎太っている人

太めの自覚がある人の場合、避けたいのは体に貼り付いて肉感が出やすい生地。そういう生地は、黒やネイビーなどの締め色であってもあまりその効果がありません。

また、ストレッチが効いて体にぴったりフィットするトップスは、肉感を拾いすぎてよけい太めに見えてしまうので要注意。かといって、あまりにゆったりしたものも逆効果です。肩が合っていて、「つかず離れず」くらいのシルエットのものが、最もすっきりと見えるはず。

すっきり見せるためには、ブラも重要です。ブラが古くなっている人は、痩せて見えるトップス探しの前に、胸をしっかりホールドしてくれるブラを買い直しましょう。ポイントは、胸が横に流れると太って見えるので、体の前に集めてキープしてくれるものを選ぶこと。

ボトムスもピタピタは避けるのが基本ですが、一口に「下半身が太い」といってもいちばん太いところは人それぞれなので、たとえばお尻だけが大きいなら長めのトップスを裾出しで着るなど、その太い部分を強調しないことがポイントです。後述する「脚が太い人」の注意点も参考にしてみてください。

トレンド服のサイズがないときは、ZARAやCOSなど、海外発のファストファッションブランドで探すと大きなサイズが見つかります。

服装はベーシックにし、流行はストールやバッグなどサイズに関係ない小物類だけに限定して楽しむというのも手です。

◎痩せている人

「背が高い人」のところでもお話ししたとおり、トップスの肩幅さえ合っていればあとはOKです。ただ、あまり上半身をタイトにしすぎると頭が大きく見えてしまいがちなので要注意。
首の細長さが気になる人は、髪を鎖骨くらいまで伸ばすか、ストールやスカーフを巻いてカバーしましょう。

◎顔が大きい人

顔の大きさの印象は、ヘアカット次第です。ちゃんと全身のバランスを見ながら髪形を考えてくれるような、上手なヘアスタイリストさんに出会うと人生が変わります。

私は一時期、太って顔にお肉がついてしまっていたのですが、長年カットをお願いしているTWIGGY《ツイギー》の松浦美穂さんは、フェイスラインに沿ってシャギーを入れ、輪郭を全部隠してくれていました。ちなみに、最近は「痩せて顔が小さくなったから」ということで、フェイスラインを出した大人のリーゼントヘアにしてくれています。

頭の形をカッコよく見せるポイントは、後頭部です。日本人の多くは後頭部がペタンコの絶壁になりがちですが、ボリュームを出してもらうと、顔も小さく見えるし、全身のバランスもよく見えます。

◎顔が小さい人

服の着こなしで困ることは基本的にないはずですが、強いて言えば、髪のボリュームの出しすぎには注意しましょう。

髪をあまりふくらませると、まるでマッチ棒みたいになってしまいますから、パーマや巻き髪はほどほどにしてください。

◎胸が大きい人

「太っている人」のところでもお話ししたとおり、胸をちゃんとホールドしてくれるブラ選びがまず重要です。そのうえで、「ワンピースやトップスは自分が着ると丈が5センチ短くなる」と心得ておくと、お買い物での思わぬ失敗を防げます。

襟・胸元にフリルやリボンがついた、ボリューミーなデザインのトップス、ボウタイで首が詰まったデザインは避けたほうが無難。シャツ・ブラウス類は、ボタンの間隔によっては胸のところが開いてしまう場合があるので、試着で確認しましょう。

ジャケットを買うなら、胸にダーツが多く入って立体的になっている、海外ブランドの製品がおすすめです。

◎胸が小さい人
デザイントップスやネックレス、ストールなど、盛る分にはいくらでも盛ってOK。逆に、シンプルでストンとしたワンピースなどを着る場合、胸下やウエストなど、どこかに切り替えがあるデザインを選ぶか、ネックレスなどでアクセントをつけてメリハリを出すと、のっぺりした印象になるのを防げます。また、深開きのVネックは中が見えてしまいやすいので、下には見えてもいいインナーを着ておくと安心です。

ジャケットを選ぶときは、胸が大きい人とは逆に、海外ブランドものに要注意。胸のところにゆとりを持たせたデザインが多いので、着てみるとブカブカになってしまうことがあります。

◎脚が太い人

自分の脚のいちばん太いところで切れる丈のボトムスを選ばないこと。たとえば、ふくらはぎが張っている人は、サブリナパンツなどふくらはぎで切れる丈のパンツはNGです。足首が気になる人は、ワイドパンツなどのフルレングスを選んで、スニーカーを合わせるのもおすすめ。パンツ丈は人によって、七分丈、八分丈、九分丈でかなり脚の太さが違って見えるので、いちばんきれいに見える丈を試着で探してください。

スカートの場合は、単に「膝丈」といっても、膝の骨が小さい人なら「膝に少しかかるくらいの膝丈」でも問題ありませんが、膝の骨が大きい人の場合は、「膝がすっぽり隠れるくらいの膝丈」を選ぶとよいでしょう。

◎腕が太い人

「脚が太い人」のボトムスと同じように、腕のいちばん太いところを出さないこと。そして、いちばん太いところで切れる袖丈を選ばないこと。

短い袖の場合、袖口は水平にカットされているものより、正面から見たとき腕の内側が短くなった斜めカットのものが、より細く見えます。

ちなみに、腕を出すなら肘のお手入れも忘れずに。肘にクリームを塗るときは、肘を曲げて塗りましょう。

◎お腹が出ている人

大人世代には多いお悩みですが、締めたいからといってあまりきつい補整下着をつけると、ウエスト部分にお肉が乗ってしまって逆効果。同じく、生地が硬いデニムも締めつけ力が強いので、ジャストサイズであってもウエスト部分にお肉が乗りがちです。ウエストに柔らかくフィットしてくれる、ゴムの入ったボトムス（今はゴムに見えないデザインのものがいろいろあります）でうまく乗りきるか、丈が長めのトップスを裾出しで着るなどして、ゆるやかに隠しましょう。

ウエストの下がポコッと出ているタイプの人は、ウエスト位置にギャザーを寄せたタイプのスカートは避けること。ギャザーがウエストから全部開いてしまい、体全体が太って見えてしまいます。

◎お尻が大きい人

前述の「お腹が出ている人」同様、腰骨が張っている人もギャザースカートはお尻の大きさを強調しがちなので要注意。

それ以外のボトムスをはくときは、お尻を丸出しにしないこと。トップスやアウターは、お尻をうまく隠してくれる丈がおすすめです。もちろん、ピチピチ、パツパツのサイズをはくのもNG。パンツやタイトスカートを試着したとき、横に線が入っていたらワンサイズ上げましょう。

◎首が長い人

首が短い私からすると、首が長い人はシャツやトレンチコートの襟を立てられるのでうらやましい限りですが、強調したくないならネックラインが下がっているトップスやアウターはNGです。ノーカラーコートを着たい場合は、中にハイネックを着るか、ストールなどを巻きましょう。

また、「痩せている人」のところでお話ししたように、髪を鎖骨より下くらいまで伸ばして、ダウンヘアにするのもおすすめ。まとめ髪にする必要があるときは、スカーフやストールを巻くとよいでしょう。

◎首が短い人

首が短くてハイネックやタートルネックが苦手という人は、それ以外のトップスを選ぶ際、ネックラインのゆとりにこだわりましょう。

ボートネックは、やや鎖骨が見えるくらい深めにカットされているものなら比較的着こなしやすいはず。Vネックは、Vの深さに加えて開き幅をチェックすること。クルーネックも、ものによって開き具合がかなり異なるので、試着をサボらずに。小柄で細身の人はキュッと詰まったものが似合いますが、大柄で胸が大きい人はややゆとりのあるものがおすすめです。

アクセサリーも、サイズ感が重要

服と違い、アクセサリーなら体形は関係ないような気がしますが、決してそんなことはありません。アクセサリーの選び方は意外と盲点です。

たとえばイヤリングの場合、顔が小さい人がつけると大きすぎて見えたり、垂れ下がるタイプのデザインを首が短い人がつけると、肩に届いてしまったりします。

また、同じ身長であっても手足の長さには違いがあるので、肘から先が長い人なら太いバングルをつけこなせても、逆の場合はバランスが取りにくくなってしまうなど、実際つけてみると「あれ？」ということが往々にしてあるものなのです。

アクセサリー選びの場合も、やはり体形の特徴を把握しておくことは必須です。

まず、どのアクセサリーも、小さくて華奢なデザインは、小柄な人や細身の人、手が小さい人向きと思ってください。

若い頃なら誰でも、小さな指輪やネックレスがいかにも可憐ではかなげでよく似合うのですが、年齢とともにだんだんふくよかになって貫禄がつくと、極小のパールやダイヤなどは、まるでゴミがついているようにしか見えなくなってしまいます。

顔の目鼻立ちがはっきりしている人も、イヤリングやネックレスは大きめが似合うはず。

パールやダイヤの大きさはその人が選ぶのではなく、パールやダイヤがその人を選ぶのだと考えておいてください。

私の場合、「指が長くてきれいね」とよく手の形をほめられるのですが、手そのものが大きいので、かわいらしい小さな指輪などがまったく似合いません。パールでもダイヤでもうんと大きくないとバランスが取れない、不経済な手なのです。そんなゴージャスな指輪をつけてみたいなとは思いつつも、ほかにいろいろやりたいこともありますから、私はいつも何もつけずにいます。

ですから、服と同じようにアクセサリーも、「いつも大きいのばかりだから、たまには小さいのを買ってみよう」「いつも華奢なものばかりだから、たまにはゴージャスなのを買ってみよう」と、気分で選ぶのはおすすめしません。自分の体形に合うものが、結局いちばん使えるものです。

ネックレスの長さは、ペンダントトップが留まる位置によって、太って見えたり痩せて見えたりするので、ベストな位置にくるものを探していろいろ試しつづけしてください。

ネット通販の場合、たとえ長さが書いてあっても、胸板の厚さと首の太さでペンダントトップの留まる位置は変わるので、数字とモデルの着用写真だけで購入を決めるのはNG。手持ちのもので同じ長さのものをつけてみるか、紐などを買いたいものと同じ長さに切って試してみると安心です。

ちなみに、私たちがアクセサリー撮影をする際、モデルは首が細いので、ネックレスをすると一般の人よりペンダントトップが下に下がりすぎてしまうことがほとんどです。そういうときは、スタッフの私たちが試してみて、それと同じくらいの長さになるように後ろをテープで留めているのです。タイアップ広告の場合は、クライアントがイメージしている長さで留めてから、写真を撮っています。

そんなわけで、着用写真はあくまで「イメージ」ですから、アクセサリーもできるだけ服と同じように実物を試してからの購入が確実といえます。

いかがでしたか？

大まかには、「自分と反対の体形をしている人に似合うものは、自分には似合わない」と思っておくのが、いちばんわかりやすいと思います。

ただし、以上はほんの一例であって、ここにそれぞれ挙げた例の中でも特徴はさらに細分化しますから、これを読んで安心しきってはいけません。

これはあくまで参考として、実際には試着によるトライ&エラーを繰り返しながら、自分のベストを探していただければと思います。

服を自分に合わせて、お直しをせよ！

よく「普通体形」と言いますが、おしゃれにおいて「普通体形」の人というのは、実際はいないわけです。

ですから、先ほど「小柄な人は面倒がらずにお直しを」というお話をしましたが、これは実は誰にでも当てはまることです。

誰しも、既製品に袖を通せば必ず微妙な部分はあるもの。もし、あまりにサイズに違和感を感じる場合は、そのまま我慢して着るより、お直しをしたほうが、ずっと素敵になります。

コレクションで見たままでなくてもいい

私も以前、ロデオドライブ（ロサンゼルスのショッピングエリア）のシャネルでスーツを購入したとき、お針子さんたちに囲まれながら寸法を直したことがありました。

そのシャネルスーツはスカート丈が膝下だったのですが、当時はまだ若かったこともあって、店員は10センチほど丈を詰めるようにすすめてきました。それを聞いた私は、「そうしたら、コレクションで見たのと形が違っちゃうじゃない」――今では偉そうなことを言っていますが、若い頃の私は無謀にも、コレクションのシルエットをそのまま着ようとしていたのですね。すると、店員は言いました。

「でもあなたに似合わなかったら意味がないでしょ」

マネキンやモデルでなく、自分自身が着るためには、ランウェイに登場した服を直してもいい。変えることでかえって本来のイメージに似る、だから変えるべきだということで、確かにそのとおりと納得しました。

シャネルのような高級メゾンではなく一般のデパートでも、アメリカでは「テーラー」と呼ばれるお直しのシステムが整っています。なぜかというと、多種多様な人種の人々が暮らすアメリカでは、体形の多様さは日本の比ではないからです。身長や手足の長さだってさまざまですし、上半身は華奢だけれどお尻は大きかったり、その逆もあります。ですから、デパートなどで買う場合はお直しが前提なのです。

もともと、既製品のサイズレンジも幅広く設定されているのですが、それでもやはりどこかがちょっと合っていないだけでダサく見えてしまったりするので、そういうサービスが充実しているわけです。

日本の老舗百貨店でも、基本、お直しのサービスはありますので、もし着たい服のサイズが合わない場合は、どんどん聞いてみてください。

自分の得意なテイストのつかみ方

失敗の原因は、得意なテイストからはずれた服選び

ここまで、体形とサイズについてお話ししてきました。自分のスタイルを知るための2つ目の手がかりは、自分の得意なテイストです。

テイストというのは、フェミニンとかカジュアルといった、装いのジャンルのこと。私はこういう感じの格好が似合う、こういう感じの格好は苦手、というものが誰しもあるはず。

ですが、おしゃれに見えない人というのは、自分の得意なテイスト以外にまで手を出してしまっている人なのです。

今は服が安くなっていて買いやすいので、自分の普段のテイストからはずれているにもかかわらず「今はガウチョパンツが流行っているから買ってみよう」とか、「はかなきゃいけないかな」と思って、つい手を出してしまう。すると、お

しゃれをハズしてしまうのです。セールでの失敗も、これが一因。もし、服がどれもこれもものすごく高かったら、決してそんな「火遊び」はしないはず。

試着してみて「イケそう！」と思えたならもちろんＯＫですが、「微妙だけど、一応流行っているし……」と、流行りや誰かの声につられる必要はありません。自分の得意なテイストの範囲内に入っているアイテムだけを取り入れて、テイストから離れすぎたものは、ただ見守っていればいいのです。

「自分の可能性を広げてみたい」とか「ひょっとしたらまだ自分の知らない自分が眠っているかも」という動機で、いろいろなテイストにチャレンジすることに意味があるのは、若いうちだけ。30代以降になったら、そろそろ「私はこのテイスト」というものが、みんな固まってきているはずなのです。

おすすめ！　いく子流「制服メソッド」

といっても、自分で自分の得意なテイストを、自信を持って即答できる人は少ないと思います。そこで、簡単にわかる方法をお教えしましょう。

これは我ながら面白い発見なのですが、学生時代にセーラー服が似合うタイプだったか、ブレザーが似合うタイプだったかで、その人のテイストがわかるのです。


セーラー服が似合う人は、フェミニンで華やか。

ブレザーが似合う人は、シンプルでコンサバ。

ブレザーでも、襟にリボンタイが付いているタイプが似合った人はフェミニン。苦手だったという人は、カジュアルでスポーティです。


あなたは、どれに当てはまりますか？

家族や友人に、自分はどれが似合うと思うか聞いてみるのもいいでしょう。意外と、自分で思っているのとは違う意見を言われるかもしれません。また、当てはまるものが1つではなく、複合タイプの人もいるでしょう。

ちなみに私は、制服で高校を選んだクチです。

セーラー服の高校と、ブレザーの高校の2校に受かったのですが、「私は絶対、セーラー服よりブレザーとシャツのほうが似合う」と思っていたので、ブレザーが着られるほうの高校を選びました。自分がピンときていない格好で毎日過ごすのは、苦痛でしかありませんからね。母にさえ、「あなたが毎日セーラー服を着て登校する姿なんて、想像できなかったわ」と大笑いされたものです。

そんな私が得意なテイストは、ロックとコンサバ。逆に苦手なのは、ロマンチックです。私は胸が大きいので、フリルやレースがたっぷりついた服を着るとどうしてもボリューミーになりすぎて、全体のバランスが取りにくいからです。

好きだけど似合わないテイストは？

ここで重要なのは、ロック、コンサバ、ロマンチックのどれも私は「好き」ですが、実際に「似合う」のはロックとコンサバだということ。

あくまでも自己満足としてのおしゃれなら、自分の好きなものを貫けばいいと思います。けれど、「素敵ね」という印象を人に与えるおしゃれを考えるのなら、自分に本当に似合う方向性を客観的に見極めるのは、大切なことです。

特に注意したいのは、ラブリーな乙女路線。女性はいくつになっても乙女心をどこかに持っているものですし、男性ウケがいいテイストでもあるので、30～40

代になってもついついラブリー路線で全身固めた「子ウサギ大作戦」に走ってしまう人もちらほら。けれど、これは自分をわかっているファッションとはいえないと思います。

実は、超辛口派で人生通してきたこの私でさえ、最近赤いものやキラキラしたものに目がいってしまう自分がいてコワいのですが（笑）、年齢を重ねて、自分の中から失われつつある女性らしさ的なものを、本能で外から補おうとしているからなのでしょうか。

一方、私と同年輩のある美人モデルは、本当はラブリー路線も好きな女性らしい方ですが、実際にはシンプルでシックな服装が似合いますし、ご本人もそれを理解しているので、ラブリーなものはハンカチやポーチなど、ほんの小さな小物だけにとどめて楽しんでいます。

これは、「自分の出し方を誤ると、やはりおかしく見えるし仕事にならないから」というプロ意識のたまもの。さすが生き方までも注目されているカリスマモデルだと感心してしまいます。

似合うものの中から好きなものを選ぶのが合理的

おしゃれにおいて、「好き」ということと「似合う」ということは、必ずしも一致しないものです。

若いうちは、好きなものの中から似合うものを探すことができるのですが、それは本当に「若い」というだけで何でも似合ってしまう、特権的な時代だけのこと。

30歳を過ぎたら、「好きなものの中から似合うものを選ぶ」のではなく、**「似合うものの中から好きなものを選ぶ」**というのが、私はいちばん合理的だと思います。

「似合う服」というのは、自分の長所をきれいに見せてくれて、逆に欠点を目立たせない服のことです。その中から、「好きな服」を選ぶのです。

好きなものを選ぶ、着るということはもちろん重要なことなのですが、そこからもうワンステップ上がって、自分をより素敵に見せたいと思うなら、「好き」は最初ではなく、最後の判断材料にすべき。似合うものがわかってさえいれば、あとは存分に「好き」にこだわってください。

かくいう私だって、ときには自分のテイストと正反対なものを着たくなることもあります。けれど、そこで「どうしてそんなこと思っちゃうんだろう、いけない」とか、逆に「似合うように努力しよう」と思ったりして、ムダに苦しまないようにしています。「私はそういうものが好きなんだな」という気持ちのまま、その「好き」を放っておくのです。そして、そのかわりといってはなんですが、私とは逆にそういうものがよく似合う若い女の子の友達とお茶やランチをして「ああ、なんてかわいいのかしら」と見て楽しむことで、満足しています。お嬢さんがいらっしゃるママなら、なんとなくわかっていただけるのではないでしょうか？

知人のロック好きママも、ご本人は私より超辛口なロックファッションなのですが、ご自分のお嬢さんにはロマンチックなフリルいっぱいのワンピース（それがまたよく似合うのです）などを着せていました。

人間というのは、こうしてバランスを取りながら生きていくものなのかもしれません。

ライフスタイルとコンフォート・ゾーンは切り離せない

コンフォート・ゾーン=ライフスタイルに合わないものを削ぎ落とす

第2章でお話しした「コンフォート・ゾーン」は、その人のライフスタイルと切り離せないものです。自分のスタイルを知る3つ目の手がかりも、ここにあります。

みなさんは、一般の人をおしゃれにスタイリングする「ビフォーアフター」の企画を見たことがあると思います。テレビでも定番の人気企画ですが、数ある中でも私が感心して「うーん」とうなってしまうのは、友人の植松晃士さんの番組です。

彼の番組はほかのものとどう違うのか。それは、変身する人が生活しているシチュエーションまで考えたうえでのコーディネートを意識して、彼が変身ファッションを提案しているところです。

たいていの場合は、相談者のライフスタイルなどに関係なく、とりあえず今流行っているものを着せてしまう傾向があります。劇的な変身ぶりは番組的には確かに面白いのですが、それを番組が終わったあともその人が続けられるかといったら、恐らく難しいだろうと思います。自分の暮らしに合っていない服は、着にくいので自然と袖を通さなくなってしまうでしょうし、ましてや好きでもないものだったら、着ていても心地よくないからです。

植松さんの場合は、その後も着続けられるようなちょっとしたワザであって、それでいて変身前とはすごく変わって見えるのです。これは本当に、彼の才能だと思います。

私たちの人生に必要なスタイリングは、どちらかといえばこの植松さんがなさるようなワザではないでしょうか？

服とはそもそも、「着る目的と着て行く場所あってこそ」のもの。今着る服は、今の生活とリンクしたものでなければ意味がないのです。

だから、**今着て行く場所がない服は、いらない服**。そういう服を、あなたのワードローブや購買計画から削ぎ落としていけば、今のあなたに必要なものだけが残るはずです。

暮らしと好みに合わない服は着続けられない

あなたは今、どんな一日の時間の使い方をしていますか？
おもにどこで何をして、誰に会っていますか？

仕事、子育て、パートナーの世話、習い事、趣味。
車に乗っている、歩いている。
普段持ち歩いている荷物の量が多い、少ないなど。
こうしたライフスタイルに沿っていないものは、今のあなたには必要ない服。
削ぎ落とすべき部分ということになります。

もし、地方にお住まいで車生活の人なら、重くて大きなバッグでも持って行けるでしょうし、ハイヒールも履けるかもしれません。けれど、都心部で地下鉄に乗っている人は、そんな格好で、神社の参拝かと見紛う地下鉄の階段を昇り降りするのは大変ですよね。重くて大きなバッグも、通勤ラッシュでは迷惑以外の何ものでもありません。

コートも、車通勤では長い丈だと邪魔になりますし、地方ごとの気候の違いもあります。北海道に住んでいる人と、沖縄に住んでいる人では、コート1着にかけるお金と情熱はまったく違うはずです。雪の多い地方では、ショップに並ぶ長靴の種類が驚くほど豊富であるとも聞きます。それなのに、日本に住んでいるというだけで「日本のこの年代の女性はこういう格好」という、画一的なアドバイスにハマってしまう必要はありません。

本当はファッション誌も、そのくらい考えてコーディネートを提案するべきだと、私は思います。

私がOLさん向けの雑誌でスタイリングをやっていたときは、あまり大きなバッグを持たせると通勤電車で人をなぎ倒すことになってしまうので、座って膝の上に乗るくらいのバッグに限定していましたし、ピンヒールも人の足を踏んでしまうと危ないのでなるべく避けたり、オフィスでの履き替え設定を提案したこともありました。

こうして考えていくと、おしゃれの幅はけっこう狭まってしまうかもしれませんが、むしろそれだけムダが省かれ、焦点が絞られたということ。あまりにも選択肢が広すぎるとかえって戸惑ってしまいますが、その幅の中でおしゃれをすればいいと考えると、逆にわかりやすくなるでしょう?

その幅を無視してお買い物をしてしまうと、コンフォート・ゾーンをはずれてまたおしゃれがブレてしまうわけです。

アメリカ版『VOGUE《ヴォーグ》』が売れる理由

自分のおしゃれの幅を無視してしまう最大のトラップは、ファッション誌の真似です。

ファッション誌の設定が現実に近いと、自分もこれと同じことができるのではないか、とつい考えてしまいがち。けれど、それが仮に、自分にも着られる格好だったり、買えるものだったり、またどんなに素敵であっても、明らかに自分のライフスタイルと違うファッションなら、取り入れてみても結局身にはつきません。

　アメリカで最も売れているファッション誌『VOGUE』は、実に100万部をゆうに超える発行部数を誇っています。『VOGUE』がなぜこれほど驚異的な発行部数を維持しているかというと、すばらしい「ファッションの夢」を見せてくれる雑誌だからです。それゆえ、広く一般の人にまで読まれていて、私も大好きなのですが、『VOGUE』の読者は、そういうファンタジーとして作られたファッションと、リアルな生活のファッションを明確に区別しているのです。『VOGUE』に載っている服は、少なくとも月収1千万円くらいの人でないと買えないような、本当に一部のお金持ちの人たちが持つようなものばかりです。海外の人たちの場合は、こういう夢は夢として眺めておいて、似たようなものをTARGET《ターゲット》などの安売りチェーン店で買い、気分だけを上手に楽しんでいるのかもしれません。

　ですから、みなさんもファンタジーに惑わされずに、今の自分が生きている、今の生活にフィットしたファッションを大切にしてください。人生とは、〝今〟の積み重ねです。今の自分をちゃんとしなければ、将来なんてないのですから。

いちばんはじめに省くものはいらないもの

今の自分のライフスタイルから、削ぎ落としてもいい「必要ないもの」がわかるのは、何かに投資したときです。

使える予算に限りがある中では、もしも何かに奮発したら、その分必ずどこかを切り詰めることになりますよね。そこで切り詰めたところが、今のあなたにとって必要ないもの。削ぎ落としてもいいところ、ということなのです。

私の場合は、最近落ち込んでいたことがあったので、いつもよりおしゃれに力を入れて気分を上げようと、NARS《ナーズ》のアイシャドウパレットを購入しました。普段使っているアイシャドウに比べるとかなり値は張りますが、たまの贅沢というのは気分を上げてくれるもの。今は、「当分アイシャドウは買わなくてもいいわ」というつもりで、この新しいパレットを毎日使い倒しています。

そのおかげで、ドラッグストアでプチプラコスメに手を伸ばす前に「あっ、私にはあのパレットがある！」と、今のところは（笑）思いとどまれています。こういう、その場は楽しいけれど、あとでちゃんと使わなかったりする「小さなムダ買い」が、私にとって削ぎ落とすべきところだったようです。

「パーソナルなもの」を探す

長く身につけているものは、スタイルの軸になる

自分のスタイルを見つけやすくするための手がかりとして「削ぎ落としてもいいところ」についてお話ししてきましたが、反対に、「いろいろ削ぎ落としていく中でも、なぜかずっと残る」というものも探してみましょう。

よく、おしゃれスナップを見ていると、ファッショニスタたちは、流行とは別に、「パーソナルなもの」を必ず何かしら身につけています。どんなときでも必ずダイヤのピアスをしているとか、真っ赤なリップとか。そのときどきでファッション全体はさまざまに変わっても、「これだけはつねに変わらない」というものが、装いにその人のアイデンティティを残しているのだと思います。

あなたの今のファッションの中にも、「けっこう長い間身につけている」「ずっと同じ」というものがありませんか？

アクセサリーや、スカーフ。あるいは髪形、ネイルやリップの色。同じ色のバッグを何個も持っているとか、アウターといえばダッフルコートばかり買い続けているとか。時代や環境の変化に合わせていろいろ削ぎ落とされるものがある一方、残るものは残るのです。思いつかないという人も、財布、パスケース、手帳など、小物類を並べてみると「そういえばこれ、けっこう長く使っているわ」というものが意外とあるはずです。

そういう、長く持ち続けている好きなものが、あなたの「パーソナルなもの」。それは、好みを客観的に分析する材料になるほか、自分のスタイルの「軸」になってくれるのです。

長く使っているものの共通点は？

私の場合は、シンプルな白いレザーカードケースや、スタッズ付きのキーケースが長年愛用しているものです。

それを並べてみると、「私はシンプルなものとロックなものが好きなんだわ」とか、「こういう色が好きなんだわ」という傾向がわかるので、それを新しいアイテム選びの参考にして、ヴァレンティノのロックスタッズのバッグや小物を揃えました。

「いつも気に入った同じ色や同じアイテムばかり買ってしまって、全体の印象が変わらない」という人。それは悪いことではありません。そういう人は、すでに自分に似合うものや好みを知っていて、自分のスタイルを持っている人なのです。

そのうえで、ベーシックなアイテムを数年ごとに買い替えるなど、こまめなアップデートを心がければ、「印象は変わらないのに、いつも今っぽい人」でいられます。そう、目指すところは、ここなのです。**自分のスタイルを持ちながらも、つねに時代の変化にしなやかに適応している人**こそ、おしゃれの達人です。

同じように見えるアイテムでも、微妙な変化は必ずあるもの。その変化が重要なのです。私は、青いネイルと赤いネイルが大好きで、しょっちゅう買ってしまうのですが、見た目にはほとんど同じ赤いネイルでも、ちょっと前のものと今年のものとは、やはり違います。実際に塗って比べてみると、今年の赤のほうが確実に気分が上がるのです。古い赤では、ダメなのです。

まったく不思議ですが、「ああ、これが流行というものなんだ。だから、同じ色でも毎年買っちゃうんだわ」と、最近ネイルを塗りながら納得した次第です。

好きなものがわからない人へ

ところで、「特に長く使っているものも見当たらないし、今、自分は何が好きなのかわからない」という人も、少なくないかもしれません。

今、好きなものがわからないという人は、若い頃にいろいろなテイストに手を広げすぎた人でしょう。手を広げすぎたということは、それだけいろいろな服や小物を持っているということですから、そのひとつひとつにかける愛情や熱意は当然薄くなります。実は、それはすなわちその人の生き方そのもの。「私はこういう人です」と名刺になるテイストがなく、なんとなくカメレオンのように生きてきたのではないでしょうか。

だからといって、自分探しの旅に出てまで、これから自分の好きなものを探し当てようとする必要はありません。

繰り返しますが、スタイルとは作るものではなく、今生きている自分の核です。今のあなた自身の本質のことです。何も特別なものではなく、すでに持っているもののことです。

ですから、「何が好きかわからない。スタイルがわからない」とそんなに考え込まなくても、すでにあなたはあなた。先ほどもお話ししたとおり、何が好きかわからないと言いながらも、今着ているものがあるはずです。「これを着ると、自分がちょっとよく見えるから着ている」というくらいのもの。それでいいのです。それがあなたの「今」であり、「今好きなもの」ということなのです。

だから、これからもその延長線上で「もう少し質がいいものを」とか、「今年の形をしているものを」というように選んでいれば、大丈夫です。それが似合う間は着続ければいいし、似合わなければ、もうそれは切り捨ててもいい。自分らしさ、スタイルの軸というのは、そんなものなのです。

あまりシリアスに悩みすぎないでくださいね。

流行とのつき合い方

トレンドは「薬味」

自分のスタイルというベースの上に、トレンドという「今の気分」をプラスすれば、おしゃれは一気にレベルアップ。今のおしゃれに飽きてきて、新しい出会いを求めたいというときにも、トレンドは効果絶大です。

ですが、トレンドとか流行りものというのは、料理の薬味のようなもの。入れすぎるとおしゃれを台なしにしてしまうし、足りないと味気ないという、さじ加減が難しいものです。

振り回されて自分を見失うことなく、ほどよく賢くトレンドを取り入れるためのテクニックを、この章の最後にお話ししておきましょう。

無理をしたら負け

30代以上の大人は、流行っていても苦手なものとか、着慣れない格好に、無理に手を出す必要はありません。

「えっ、それ買っちゃったの……?」と思うような限定デザインものだとか、その人に似合わないようなものを持っている人は、たいてい「だって今はこれが流行っているのよ」と言います。けれど、私に言わせれば「で、それが?」。

10代20代のうちなら、「流行っているものはとりあえず着る」「限定ものは並んででもゲット」でいいし、そうしてそのつど流行りものを着ているのがおしゃれでかわいく見えるのですが、もう分別あるはずの大人が考えなしに流行りものに手を出してしまうと、おしゃれというより「なんかズレてる人」になってしまう危険性が高いのです。

なぜ、大人だとズレて見えてしまうのかというと、若い人たちは今の時代の速度とぴったり同じに走れていますが、私たち大人は、たまに疲れて立ち止まってしまうときもありますよね。そういう大人の場合、「ちょっと先を行っている」くらいのほどほどの流行りものであれば、自分を引っ張っていってくれる頼もしい味方になるのですが、あまりに進みすぎた先鋭的なものだと、自分自身が持つフィーリングとは合いません。それが、ズレて見えてしまう原因です。

少し前に若い人たちの間で流行っていた、目の下に赤いアイカラーを使った子ウサギメイクも、若い人ならか弱く愛らしく見えて「守ってあげたいな」と男性に思われるかもしれませんが、いい大人がやったのでは、具合でも悪いのかと思われてしまいます。

「普通」は悪いことではない

そんなふうに、「おしゃれしようとしたらズレてしまう」パターンをやってしまいがちな人というのは、実はおしゃれがあまり得意ではなかったり、急におしゃれに挑戦した人ではないかと思います。

それまではきっと、「普通」だったはず。普通というのは、別にダサいわけではありません。ですが、急に無理をしておしゃれしたとたん、「普通の人」から「ダサい人」にランクダウンしてしまうのです。

昔からずっとおしゃれが好きで、おしゃれ街道を邁進《まいしん》してきた人は、その「おしゃれ経験値」を保持しているからいろいろなトレンドにも対応できるのですが、急におしゃれに挑戦した人は、何の装備も訓練もなくおしゃれの世界に飛込んでしまうようなものですから、ズレるのも仕方ありません。それなら逆に、普通の格好を極めたほうがおしゃれです。

「私もそういうタイプかも」という自覚がある人は、広範囲をトレンドで固めるのではなく、10％くらい、今の気分を取り入れる意識でいきましょう。

ベースは普段の格好で、ネイルだけ流行りの色にする、アクセサリーだけ流行りのデザインをつける、髪形だけ今っぽくするなど。これならスベる心配もなく、安全に今の気分を楽しむことができます。

もし、流行りの色がわからなければ、ネイルサロンに行って「いちばん人気のある色はどれですか」と聞き、その中から好きな色を単色で（ネイルアート命の人は別ですが、頑張りすぎないのがおすすめ）塗ってもらってみてください。きっと次の日、職場で若い子たちにほめられますよ。

この「トレンド10％ルール」に加えて、手持ちのベーシックなアイテムをこまめにアップデートしていれば、パーフェクトです。

立ち止まってはいけない

ベーシックのアップデートは、すべての人にとっての課題です。移り変わるのは流行だけではなく、「不変」といわれているものも、実は変わっているからです。

たとえば、私たちの若い頃には「不変のアイテム」といわれていた、ドット柄とチェック柄。今や、これを着ているのは一部のエッジィな人たちだけ。それに取って代わったのは、ボーダーとアニマル柄です。

アニマル柄といえば、昔は一部の個性的な人しか着ていなかったものなのに、今ではファストファッションのお店でもどこでも売っています。逆に、この20年くらいの間、夏はドット、冬はチェックが「今季のトレンド」として何度か出てきてはいましたが、結局あまり持っている人は見かけず、ヒットとなったのはジョンストンズのストールくらい。こんな事態を、20年前に誰が想像できたでしょうか？

こうして、ベーシックといわれているもの、変わらないと思っていたことでさえ変わっていく今の時代。私たちも、同じ場所に立ち止まってしまわずに、自分のスタイルも自分なりに少しずつ、アップデートをしていくことが大切です。

ちなみに、トレンドというのは回転寿司のようなもので、「流行は繰り返す」という言葉どおり、目の前を通り過ぎてもいずれまた同じものが回ってきます。

そこで、「あっ、また回ってきたわ！」と飛びついて、20年前のコートを引っ張り出して着てしまったらアウト。当時大トロの握りだったものでも、1周回って戻ってきたものは、ネタがからからに乾いてしまっていて、そのままではもう食べられません。

回転寿司だって、ただの「サーモン」が「炙りサーモン」になったりと、ネタそのものは変わらなくても調理法は進化していますよね。トレンドも、一見同じに見えてもそうやってディテールを必ず進化させているのだということをお忘れなく。

chapter

4

これからの着かた、生きかた

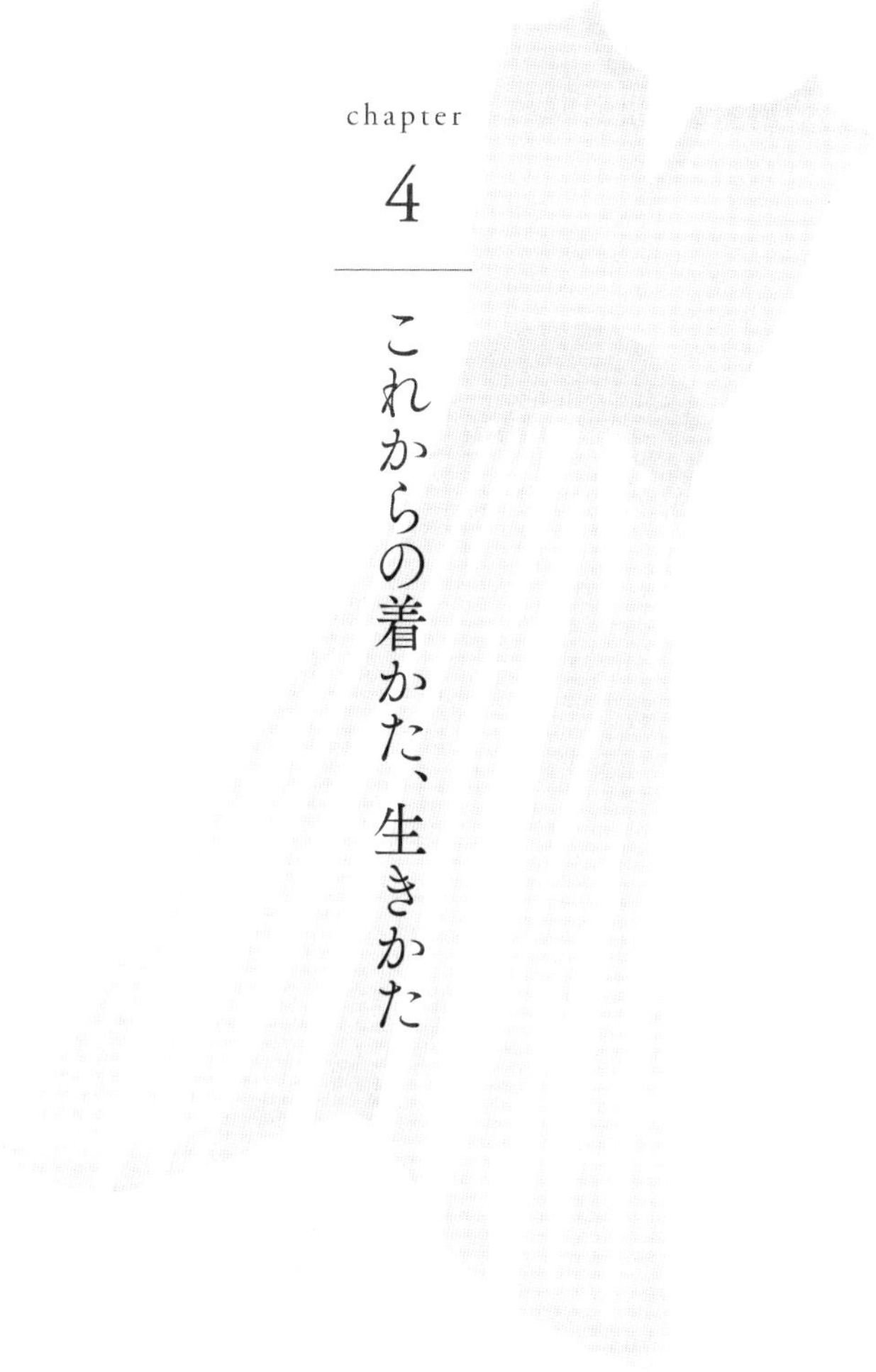

「人とは違う」を受け入れたところから、すべてが始まる

おしゃれとは、あくまでも自分の生き方と人生あってのもの。

なのに、今の時代はグローバル化というのか、何かとみんな同じようにやらなければいけないような風潮を感じます。それでは個人個人が苦しくなるし、おしゃれもスベってしまうでしょう。

人はひとりひとり、違っているもの。

人と自分は違うのが当たり前。

「なんでみんなと違うんだろう?」「だって、違うから」。それだけです。

なのに、「なんで私はこれが似合わないんだろう?」「なんで私はここがこうじゃないんだろう?」と、「なんで、なんで」を繰り返していると、自分のことが嫌いになってしまいます。「なんで、なんで」と問いかけてしまうのは、自分を見ずに人のことばかり見てしまっているからです。

私たちは平等ではあっても、公平ではありません。

シビアなようですが、そこを受け入れたところから、すべては始まるのです。

本場のおしゃれエリートに打ちのめされた私

とはいえ、私自身も「私は私なりでいくしかないんだ」ということを心から自覚したのは、けっこう遅かったと思います。

30代から40代にかけての20年ほど、私はニューヨーク・コレクションに足を運んでいたのですが、そこに現れる「本場のおしゃれエリート」の人たちを目の当たりにして、ようやくそれを飲み込んだのです。

おしゃれエリートというのは、コレクションのフロント・ロー(最前列)に座っているセレブやファッションのプロなど、まさにおしゃれのためのすべてを備えているような人たちのことです。

スーパーモデルのような抜群のプロポーションか、そうでなくとも個性を生かして磨き抜かれた容姿。もちろん、絶大な経済力にも恵まれている人がほとんど。そういうおしゃれエリートたちには、ハイブランドから最新の服や小物が提供されているといわれます。影響力のある彼らがそれを身につけてスナップされれば、世界的な広告塔になるからです。

こうして、まさに光り輝くような姿でショーにやってくるおしゃれエリートたちは、みんなハイヤーを一日チャーターして、ショーの会場をはしごしたり、いったん戻って違う服に着替えたりと、自分が見られることにすべてのエネルギーを使います。

当時は私も、先ほどお話ししたように12センチくらいのハイヒールでも履けましたから、おしゃれにはそれなりに自信を持って参戦していたのですが、いくら私がショーのデザイナーの今シーズンものの服を着て行っても、こんなおしゃれエリートたちと同じレベルには絶対なれません。ハイヤーを一日チャーターするのだって、とても無理。私は雪が降る中を「タクシー！」と一生懸命手を上げて叫んだり、地下鉄の階段を駆け下りて次の会場に向かっていました。

それほどの差があるのに、同じ土俵に上がってこの人たちに並ぼうとするのは、はなから無理。彼らの真似をすれば素敵になれるどころか、逆にその差が際立ちすぎて笑われてしまいます。当時の私は、まるで風車に立ち向かうドン・キホーテのようなものだったのです（笑）。それなら、私は私なりでいくしかないんだ、と思い至りました。

ちなみに、そのあと私がやったことは、今でいえばサカイのような、日本のデザイナーの服を着ていくことでした。そうすれば土俵はまったく違いますから、「私は私」でいられます。

忘れられないお弁当

思えば、「私は私」と考えるようになったルーツは、中学時代に母が持たせてくれたお弁当だったかもしれません。

私立中学校に通っていた私は、給食がなかったので母が作ってくれたお弁当を持って学校に通っていました。そのお弁当というのがなんと、毎日毎日、まったく同じ！

おかかと醤油とのりが重なったごはんに、明治屋の缶詰のウインナーソーセージ。「判で押したように」というのはこのことというくらい、本当に、毎日同じでした。仕事で忙しかった母の苦肉の策だったのでしょう。

中学生といえば、友達の目がいちばん気になるお年頃。周りの子は、手の込んだおかずがいろいろ入った華やかなお弁当を持ってきていましたから、普通なら、毎日のり弁なんて持たされたら恥ずかしくて学校に行きたくなくなってしまうかもしれません。でも、当の私はまったく気にしていませんでした。「うちはお母さんが働いていないと私立に通えないんだもの」と納得していましたし、毎日同じものを食べるのも平気でした。のり弁といっても、地元・築地の最高ののりと最高のごはんですから、本当においしかったのです。

そんな私のお弁当を見たクラスメイトたちは、からかいもせず「いく子のお弁当、いつもおいしそうでいいよね」と興味を示してくれました。明治屋のウインナーも、「このおかずと交換してくれない？」なんてよく言われたものです。

もしも私がのり弁を恥ずかしいと思ったら、その時点でもう負けてしまっていたでしょう。でも、「おいしいし、私はこれでいい」と私が堂々としていたからこそ、クラスのみんなも普通に受け入れてくれたのだと思います。

その後、途中で転校・編入した高校でも、同じでした。

そこもお金持ち学校だったので、同級生はみんな別荘を持っているような家の子ばかりで、取っ替え引っ替え高価なブランド品などを持ってきていました。それでも私は私で、みんなが持っていないトレンチコートを着て行ったり、家の中で見つけたお古や、フリーマーケットで買ったバッグなどを持って行ったら、またウケました。無理をしてみんなと同じものを持つのではなく、違うところで勝負したらウケたのです。

みんなと同じにしようとか、誰かと並ぼうとすると、どうしても無理が出てきてしまいますが、「自分」で勝負するなら、いくらでも勝負できる、というわけです。

今では、あののり弁を持たせ、私をそういうふうに育ててくれた母親に、心から感謝しています。

おしゃれは、新個人主義の時代へ

この本で繰り返しお伝えしている、世間や他人を意識する前に、まず自分を確立すべきという考え方。これは、一言でいうなら、「新個人主義」とでもいえるのではないでしょうか。

個人主義というと、なんだかとてもわがまま勝手で、自分のことしか考えないようなイメージを持たれるかもしれませんが、そういうことではないのです。

今までは、「世間あっての自分」という考え方が主流だったかもしれませんが、本当は「ひとりひとりが『自分』を確立させてこそ、『世間』が成り立つ」。まず「個」がしっかりしていなければ、人とのつき合い方も考えられない。そういう意味での、「新個人主義」なのです。

人ばかり見ていないで、まず自分を見ましょう。そして自分をしっかり確立させてこそ、初めて世間や他人と向き合い、関わり合う準備ができるのです。

究極的には、自分にだけ気に入られればいい

ただ、「自分らしさ」とか「個性を大切に」と聞くと、多くの人は「人と違っているべきだ」とか「人と違う格好をすることだ」と意識してしまうのですが、それも正しくありません。

無理にみんなと足並みを揃える必要がないのと同じく、無理に違おうとする必要もないのです。

若い頃と違って、何十年も生きていれば、嫌でも人と違う個性が中からにじみ出ているもの。服で個性を出そうとしなくとも、その前に個性はあるのです。

「人と違わなければ」というのは、周りばかり見ていて自分を見ていないから、すでに自分の中にある個性に気づいていないだけです。

ですから、特別に意識せず普通に、ただ自分に素直になって、好きな服を選んで着れば、それでいい。

そして究極的には、それは自分だけに気に入られればいい。

逆に言うなら、自分が気に入っていなくてどうする、ということです。


「本当は嫌だけど着ている」なんて、それでお金でももらえるなら私だって着ますが、「何のためにおしゃれをするの？　誰のためにおしゃれをするの？」ということを考えてください。

「他人にとってのいいおしゃれ」「男性にとってのいいおしゃれ」「自分にとって

のいいおしゃれ」は、実は全然違うもの。人にはそれぞれの考えがあって、よく「100人いれば100人の正義がある」と言われるように、100人いれば100人のおしゃれがあります。「おしゃれの正解」は、1つではないのです。

そういう中で、たとえ人から「変な格好」と言われたって、それを着て気分が上がるなら、それが自分のスタイルです。また、堂々としているとその格好が、逆におしゃれに見えたりするものなのです。

八方美人ファッションでいると、みんなから嫌われないかわり、印象が薄くなって、結局気の合う仲間も見つけられなかったりします。それなら、「ちょっと合わないな」と多少思われることはあっても、自分が好きな人に確実に好かれる生き方のほうが楽しいのではないでしょうか？

ですから、ここまでずっと「スタイルを持とう」という雲をつかむようなお話をしてきましたが、もしかしたら、スタイルなんて探さなくていいのかもしれません。すでに、あなた自身がスタイルなのですから。

自分がブレない、おしゃれと生き方

無意識のおしゃれバトルに参戦しない

これからも素敵でいるために、もっと自分のおしゃれを磨こう、おしゃれライバルに差をつけようという心意気を持つのはいいことです。「おしゃれライバル」とは、同じバイブレーションを持ったおしゃれ仲間の友人知人のこと。そういう人の前で恥ずかしい格好をしたくないと思うのはいいことなのですが、気をつけたいのは無意識に「おしゃれバトル」に参戦してしまうこと。

まったく関係ない人を見て「あの人、あれ持ってる。私も買う！」というのが、おしゃれバトルに参戦してしまっている状態です。これをやると、たちまち足を引っ張られてしまいます。

正直に言いますと、私もバトる気で買った服や小物は、たいがい失敗しています。あの、香港旅行で買ったシルクのパジャマも「みんな買ってる、私も！」のいい例です。

でも、今になって思い出してみると、賢い人というのはそういうときに、絶対手を出していませんでした。「いらない。私、着ないから」と。そのとき私が思ったことは「え～、なんで？　今買わなきゃ損じゃん！　シルクのパジャマが2千円だよ？」……はい、こうしてルーザー（敗者）になってしまったわけです。

ついでに白状しますと、今でいうクラッチバッグのようなビーズ刺繍のミニバッグも、当時は行くあてもなかったパーティのためにと買ってしまいました。でも、いざ大人になってブランドのパーティなどに呼んでいただけるようになっても、そんなビーズのバッグなど持って来る人は誰もいません。結局、そのバッグは一度も出番がなく20年近く眠らせたままだったのですが、最近若い女の子にプレゼントしたら、彼女は古着のワンピースなどと組み合わせてとてもかわいく持っていたので、「あげてよかった！」と心の底から思いました。

ブランド品やトレンドアイテムにしても、必死になってゲットしたところで、その価値を知っている人の前でしか価値はないのだということを、忘れてはいけません。

たとえ数十万円もする高級バッグでも、ブランドを知らない人にとっては「ふーん、きれいな色のバッグだね」くらいですし、どんなに話題のトレンドだって、それが通じない人の前や場所に行ったら、何の意味もありません。私も若い頃、コムデギャルソンのニットを着ていたら、親切なご婦人に、「ほつれてるわよ」とか、「裾からスリップがはみ出してるわよ」と注意していただいたものです……。

「いいね!」は、押すだけでいい

それでも、多くの人が無意識におしゃれバトルに飛び込んでしまうのは、やはりSNSの影響が大きいのではないかと、私は思っています。

SNS上では、セレブも一般人も誰もが等しいという感覚がありますし、そこには「私にもできるんじゃないかしら」「私だってこのくらい」と思わせるような気軽な雰囲気があります。そこでみんな、「いいね!」を押すのも押されるのも、つい両方やろうとしてしまうのです。

「いいね!」を押されたときの高揚感は私にもわかりますし、数が多いと嬉しいもの。ただ、「いいね！」をもらうには相当いい写真をアップしなければならず、これもある種のおしゃれバトルです。

もしかしたら「いいね！」を押されるより、押して楽しむ人になってもいいのではないでしょうか？

絵でも映画でも、ほとんどの人は「観るだけ」。絵を描いたり、まして映画を撮ったりする人はごくわずかですが、それでもみんな、絵や映画を楽しんでいるわけです。

本当はファッションだってそれと同じ。得意な人や、プロがやればいいのです。

これからの買い方・捨て方

自分のスタイルを磨くことも、クローゼットの中身の整理も、一度やれば終わりではなく、生きている限り一生続くものです。

生きている間じゅう、服は着続けるものですし、時とともに自分が変われば、着るものも変わってしかるべきだからです。

「生きる」と「着る」は、同じなのです。

「おしゃれにゴールなし」と心得て、素敵な自分をキープし続けるための心構えとテクニックを、お話ししましょう。

衣替えは自分を見直すタイミング

今の自分のスタイルを見直すのに適したタイミングは、衣替えのときです。

ポイントは、しまうものではなく、出すものを見直すこと。

しまうものというのは、処分しきれなくてもきれいにしまい込みさえできれば、それで満足してしまいがちだからです。

出すものを開けたら1つずつ、いつ頃買ったものか振り返ってみましょう。3年、5年、10年単位で考えれば、自分も時代もそれなりに変わっているものです。服も、そのときに買った服は、そのときの生き方に合っていた服。

そのときの生き方が、今とそれほど変わっていなければそのまま着続けていてもいいのですが、変わっているなら、今はもう着るものが違ってきたのだということを、ぼんやりとでも認識することが必要です。

「この頃はジム通いのために大きなバッグを買ったけど、今はロッカーを借りたからもういらないわ」というように、今の生き方に必要ないものは処分していきましょう。

プロ野球やサッカーも、数年ごとにメンバーが入れ替わっていくように、「一軍の服」は永遠に一軍ではありません。

「買う」にはもれなく「捨てる」がついてくる

かくいう私も現在、絶賛見直し中。そしてこれは自分もいつも肝に銘じないといけないと思っているのですが、「買う前に捜せ」。

捜すより買うほうが簡単なのでつい買ってしまうのですが、そうすると同じようなものがどんどんたまっていってしまいます。だから、買いに行く前に手持ちのものの中を捜してみる。それでも足りなかったら、買いに行きましょう。もし、捜したときに手をつけていないボックスなどを発見したら、すぐに開けて着るなり処分するなりしてください。

そして、ものを買うときは、「いつか捨てるものだ」という認識のもとに買ってください。「買う」にはもれなく「捨てる」がセットでついてくるもの。だから、捨てることに罪悪感を持ちすぎることはないのです。買ったらしっかり着倒せばいいだけ。

私の祖母が亡くなって着物の整理をしたとき、着ていたものを改めてよく見てみたら「えっ、こんなに？」というほど着倒してあって、驚いたことがありました。それも、若い頃のものではなく、晩年に新調したものです。祖母は、今の自分に合わせて新しく着物を買いながらも、そのつどしっかりと着倒していたのです。

服がまだ高価だった頃は、きっとそういうつもりで買い物をするのが、当たり前だったのでしょう。今はあまりに服が安く買えてしまう時代ですが、それでも「買って、ちゃんと着倒して、いつか捨てる」というところまで考えて買うのが、本来のあり方だと思います。

私は、ミニマリストではありません

ちなみに、自分で面倒を見きれないほど服が増えてしまっているなら、もちろん減らすことを考えるべきですが、「少ないほどいい」「とにかく減らすのがベスト」というわけではありません。

前著『服を買うなら、捨てなさい』（宝島社刊）では、「おしゃれな服を買い足す前に、手持ちのイマイチ服を処分すればそれだけ毎日のおしゃれ平均値が上がる」というお話を、おしゃれに悩む30代以上のみなさんのためにまとめました。

日本の女性は、できるだけ毎日違う格好をしなければいけないという「バリエーションの呪い」をかけられているせいで、似合わない流行りものや、お安いだけの適当な服に手を出してしまったり、とんでもなく古い服をため込んだりしてしまいがち。

そこで、自分を下げてしまうような服は処分する、そしてもう手を出さないようにすることで、人からは素敵に見えるし、自分もご機嫌でいられる日が確実に増える――というのがその趣旨です。

ですから、「捨てなさい」といっても、捨てること自体が目的なのではなく、あくまでそれはおしゃれをブラッシュアップするための手段のひとつ。

お片づけブームがまだまだ続いている昨今、「捨てる」というアクションはとてもキャッチーなので誤解されてしまいがちなのですが、私がみなさんにお伝えしたいのは、「持たない工夫」とか「少ないほどいい」ということではないのです。

服を減らすのは、「自分のおしゃれ」のアウトラインを絞り込むため。

自分らしさがわからないところへ来て、余分なものを増やし続ける一方ではますますおしゃれ迷子になってしまうからであって、「とにかく減らして最小限にするのがベスト」という意味ではありません。

生きることは着ることとイコールですから、自分の生活や人生がミニマムでないなら、着るものをミニマムにするのは決して心地よいことではないでしょう。私自身も、自分の人生はそこまでシンプルではありませんから、やはりそれに伴うだけの量は必要です。

また、あまり減らすことにこだわるのは、おしゃれの精神と相反することでもあります。

おしゃれとは本来「ムダなもの」であり、暑さ寒さをしのぐといった必要最低限に加えて、遊び心を持つことでもあるからです。

服も男も、捨てたら振り返らない

ところで、服を捨てたものの、「やっぱり残しておけばよかった」と後悔している人も、中にはいらっしゃるかもしれません。

その気持ちはよくわかります。私自身も、何本も持っていたデニムのワイドパンツを一気に捨てたあとでワイドパンツをはきたくなって、「やっぱり捨てなければよかった！」と後悔したことがあります。けれど、「これはウールだから」と1本だけ残しておいたウールのワイドパンツをはいてみたところ、やはり今年のバランスではありません。「これなら、残しておいてもどうせはかなかったわ」と確信しました。

今、手元にないものというのは、別れた男と同じでよく思えるものなのです。けれど、今ひとりで寂しいからといって、元カレに連絡して会ってランチくらいしてみたところで「やっぱり無理。別れてよかったわ」と、ご丁寧に別れた理由を再確認するだけでしょう。

それなら、今気になる新しい男のほうへ行ったほうがいいし、またはきたくなったワイドパンツは、ZARAやGUにでも行って今年の形を買えばいいのです。

間違えたら、潔く次に行く

買い物とは、すなわち「選択」です。

人生もまさに、この選択でできているようなもの。受験、就職、結婚と、まさに選択の連続です。

たくさんの選択肢がひしめく中から、自分の物差しで何かを選び取るというのは、勇気がいることでもありますし、ときには間違えてしまうこともあるかもしれません。

ですが本当は、Aを選んでも、Bを選んでも、間違いということはないのです。もし、Bを選んで「失敗だった」と思ったなら、それは「失敗だ」ということを知れただけで十分価値があること。失敗は勉強であり、払ってしまったお金は授業料。

買い物でも、もし迷った末に変な服を買ってしまって「あーあ、やっちゃった」と思っても、似合わないということがわかったなら、それは価値ある失敗です。

それより本当にいけないのは、「似合わない」とわかっていながら着続けてしまうことです。

失敗したものは無理に着ない

普通なら、買った服はめいっぱい着るべきなのですが、似合わないものまでそうする必要はありません。高いものだったりすると悔しいかもしれませんが、割りきって早めにあきらめ、潔く次に行くほうが得策です。

たとえば、夏の3カ月を100日として、その間に半袖のワンピースを着られる機会は何回あると思いますか？　服を着る回数というのは、意外と貴重なのです。

似合わないものを着続けるということは、あなたの人生の大切な時間を、ピンときていないものとともに過ごすということ。それは、あなたという人間の感度も、人格もにぶらせます。

「こうすれば似合うかも」とか「これを買い足せば着られるかも」とか、悪あがきをしてしまうのも、事態の泥沼化を招く一因。

本当はナポリタンを食べたかったのに、間違えてスパゲティではなくうどんを買ってきてしまった。それならということで、あなたはうどんでナポリタンを作りますか？　それはケチャップ味のうどんであって、どうあがいてもナポリタンにはならないはずです。

元を取ろうとするのがさらなる被害のもと

また、ときには「わかっているのにやっちゃった」という失敗もあると思います。

これは似合わないとわかっていながら、あきらめきれずについ買ってしまって「あーあ、やっぱりダメだわ」なんていうこと、ありませんか？

そのこと自体は、人間だからそんなこともあるだろうと、自分を許してあげましょう。でも、その元を取ろうとしてはダメ。これも授業料だと思って、早めにあきらめてください。

実をいうと、私も最近授業料を払ったことがあります。

私は、まだ若くて今より顔が小さかった頃は帽子がよく似合ったのですが、近頃は似合わなくなってきていました。

でも、最近は帽子が流行っていて、おしゃれなスタイリストはみんな帽子をかぶっています。そこで私もひそかにいろいろ試してみた末、ボルサリーノに1つだけ「これなら似合うかも」と思えるものがあったので、喜んで買いました。

ところが、いざとなるとやっぱり、どうにもかぶる気が起きません。スタイリストとして厳選したものですから、確かに似合うことは似合うのですが、自分にとっては「まし」であって「ベスト」ではなかったわけです。「まし」なものを買ってどうする、ということなのですが、つい釣られちゃうんですよね（笑）。

そこで、「これからはもう帽子を買わなくていいわ」と思い直し、買った帽子は、（決してお安くはなかったけれど）授業料としたわけです。

古い服を蘇らせるのは可能？

よく、「買ったものの着られずにタンスのこやしになっていた服を、着られるように蘇らせます！」なんていうテレビの企画もありますが、私はあれには疑問を持っています。

スタイリストのテクニックを見せるテレビの企画としては面白いかもしれませんが、日常生活でそれを真似する必要はなし！　そういった番組をよく見ると、その着なくなった服を生き返らせるために別のものを買い足して、結局1万円くらいかけています。だったら、その1万円で、イケている新しい服を買ったほうがよっぽどいい。別のものを買い足して蘇らせたとしても、よくよく見るとどこか変、いえ、けっこう変です。しかも、新しく買い足したものも、それ以外使い道がなかったりします。つまり、それはもう単に「タンスのこやしを蘇らせた」という自己満足でしかありません。不可能ではないのかもしれませんが、ムダなあがきでは？

私に言わせれば、そういう着られない服のいちばん簡単な解決法は、「着なきゃいいじゃん」。以上です。

「絶対正解」のゴールはありません

授業料付きの失敗とは反対に、「一生使える」とか「ハズレなし」なんていう絶対的な正解もないのだと、お買い物の際は肝に銘じておいてください。

女子たるもの、30過ぎたら一生ものの1つや2つは持たなければという「一生ものの呪い」に操られて高額なものを買ったりなどしてしまうと、予想外の裏切りに直面することになります。現に、ロデオドライブで買った私のシャネルスーツは、今この時代に上下セットで着ていたら、まるで代議士さんみたいになってしまうでしょう。

どんなに真剣に選んだところで、そんなもの。

それなら何を基準にするかというと、やはり自分自身の「心のコストパフォーマンス」です。

そもそも、おしゃれは嗜好品です。

私たちが、食べることもできないお花を飾ったり、単にお金を出し入れするだけのお財布にこだわって大枚をはたいたりするのはなぜかというと、心が満足するからですね。

お花があると心が華やぐし、かわいいお財布が毎日目に入ると嬉しくなるから、買う。

ですからおしゃれの買い物は、一生ものだとか、お買い得だとかいうことより、自分の心のコストパフォーマンスに見合ってさえいれば、それでいいのです。

100万円の壺を買って「よかった、この壺のおかげですべてうまくいく」とありがたく思っている人も、超高級バッグを買って「私はこのバッグを持てる女よ」と自分に自信を持てる人も、どちらも同じくいいお買い物ができたということなのです。

そして、買ったお気に入りは、めいっぱい使いましょう。私のシャネルスーツも、それこそ買った当時は飛行機に乗るときまで着ていましたから、今は十分満足しています。

大人世代がおしゃれの中心になってきた

今こそおしゃれの楽しみどき

みなさんの中には今、年齢を重ねていくとともに、自分のおしゃれの世界がだんだん狭まっていくように感じている人もいるかもしれません。

確かに、40歳を過ぎたくらいから、世の中のメインストリームから自分がはずされているような感覚を味わうことは増えてくるものです。おしゃれなお店に入っても、「ここに私がいていいのだろうか」と思ってしまうし、実際若い頃に比べると似合わない服が増えてくるし……。

そこで、ずっとどん底にい続けるのも自由ですが、「じゃあ、これからはどうしようかな？　まだいけるところはどこかしら？」と考えられる人が、「おしゃれなオバさん」になれるのだと思います。

今の自分を否定して、不自然なほどの若見えを狙うとかえって古さを感じさせてしまうもの。それより、今を受け入れながら「年相応の素敵な人」を狙うほうが、自分にとって自然だし、周りからの好感度も高いはずです。

また、大人になってからの今こそ、実はおしゃれのしどきともいえます。高校生、大学生くらいまでのうちはかわいい子ウサギたちに負かされてきても、子ウサギだって年を取るのです。そうしてお互い年齢を重ねれば、ウサギとカメの差はだんだん縮まってきます。そこで、日々のメンテナンスと努力を重ねたカメが、弱った元子ウサギに逆襲するチャンスなのです。

こんなふうに考え方を広げてみれば、年齢だって決しておしゃれを制限する枷《かせ》にはなりません。

今は、大人世代にとってラッキーな時代

今、年齢を重ねていくことを受け入れられずにいる人は、「こんな豊かな時代に年を取れることはラッキーなことだ」と考えてみましょう。

若いみなさんはご存じないでしょうが、昔の制服のスカートは、ウエストに

「ベルト芯」という硬い芯が入っていました。あれから素材やデザインの進化がなかったら、今頃私たち大人は、スカートなんて苦しくてはいていられませんよね。昔はゴワゴワしていたデニムも、今はストレッチが効いてとてもはきやすくなっています。

こんなふうに、今の時代だからこそできるおしゃれというものも、実はたくさんあるのです。そう考えると、「大人でも着られるものがたくさんある、受け皿の大きい時代でよかった！」と思えてきませんか？

また、おしゃれなお店に入りにくかったり、「ここに自分がいていいのだろうか」と思ってしまう人にも朗報があります。

今や、服の購買力があるのは40〜50代中心。そこでハイブランドは軒並み、ターゲットをこの世代に絞っています。ブランド開始当初は20代の働く女性向けブランドだった組曲、23区などのドメスティックブランドも、今は大人向けのフロアに移動しています。セオリーも、現在は30〜40代をターゲットに定め、新たにその上の世代まで意識したセオリー リュクスを展開している時代です。

「気がついたら、昔から買い物するお店がずっと同じなんだけど、これってイタいの？」と心配している人は、実はお店のほうも少しずつ対象年齢を上げているのでご安心を。ブランドも私たちと一緒に大人になってしまったんですね（笑）。ですから今の大人は、よほど若い子向けのお店にでも迷い込んでしまわない限り、そう肩身の狭い思いをする心配はいりません。

ファッション変革期を乗りきろう！

これは業界的なお話になりますが、今は時代もファッションもカジュアル化してきたために、昔のスーツやツインニットなどといった、大人世代が指針とするスタイルが失われている状態ではあるのです。

年齢による棲み分けがなくなってきたことも、大人の女性が「何を着ればいいの？」と、おしゃれに戸惑ってしまう原因だと思いますし、この時代のために、もう一度「イケてる大人のスタイル」を私たちが作っていかなければならないのかもしれません。

ですが、考えてもみてください。日本の歴史を振り返ると、明治維新のときに男性は断髪し、戦後は女性が洋服を着るようになりました。そういうファッション革命の荒波を、ご先祖様や親世代はなんとか乗り越えてきたわけなのです。

ですから私たちが時代の変化を乗りきるのも、それほど難しいことではないと思います。

そのためには、街へ出ましょう。引きこもっていてはいけません。私は、10代20代の子しかいない原宿にも、あえて観光や見学のつもりでたまに遊びに行っています。そうして時代の流れだけでも感じておかないと、自分のファッションがどんどん取り残されてガラパゴス化してしまうからです。

「どうせ試着しても、似合うものや着られるものなんて少ししかないから」と思うと、出かけるのが億劫になってしまうかもしれませんが、別に必ず何か買わないといけないわけではありません。ただ、「新しい刺激を受けに行こう」というだけでもいいのです。そうすれば、今がどんな時代なのか、何が変わってきているのかがわかりますし、自分のファッションの何を変えるべきなのかも、自然にわかるものです。

人生とファッションは、同じもの

自分の世界と違うものは、放っておく

私たち大人が、これからの人生をより自分らしく、満足して生きていくためのルール。

それは、「自分とは違うな、合わないな」と思ったものは、もう放っておきましょうということ。人間関係も、ファッションも、です。

先ほど、「なんで私は人と違うの?」と、「なんで、なんで」を投げかけると自分を嫌いになってしまうというお話をしましたが、「なんでこの人はこうなの?」とか、「なんでこの服が似合わないの?」と、自分と違うものを放っておけないことは、自分を苦しめます。

「なんでじゃなくて、そうだから」。それだけのことなのです。

誰でも、嫌いな人や苦手な人のひとりふたりはいるはずですが、私にもそうい

う人がいて、「なんでこの人はこうなの」と昔はイライラしていました。

ですがあるとき、ふと「どうして私、嫌いな人のことを気にしているんだろう。気にするから、こうして嫌な気持ちが心の中に生まれてきてしまうんだ」と思ったのです。無理に仲良くなろうとか、わかり合おうと思うからムダなエネルギーを使うし、関わるからケンカにもなってしまうわけです。

それは、おしゃれでも同じこと。

違う、合わないは、放っておけばいいだけ。

そうすれば、自分が楽になるし、この世の中から争いはなくなってしまうと思います。

人生もおしゃれも、上昇スパイラルに乗せる方法

それでも、もし人生やおしゃれに自信をなくしかけたときは、この本の中に何度か出てきた、「生きる」と「着る」は同じだという言葉を思い出してください。

考えてみると、自分がイケているときはイケている服を着ているし、イケている服を選んでいるものですが、反対にダメなときはダメな格好をしてしまってい

るもの。「人は見た目じゃない」と言いますが、内側の状態はそのくらい、表に現れてくるものです。

そんなふうに、「生きる」と「着る」はつながり合っています。ですから、どちらかを意識して持ち上げるようにすれば、両方同時に上方修正することができるのです。


もし、あなたの心が落ちそうになっているときは、意識して「上」を見るようにしましょう。

私の場合は、青山や銀座のホテルのカフェなどに行き、そこに集まっている素敵な人たちを眺めます。その人たちのおしゃれバイブレーションを浴びていると、いつの間にか「私はいったい何を落ち込んでいたんだろう」と、心に元気が戻ってくるのです。地方に行ったときは美術館に立ち寄るようにしていますし、美術館に併設されているカフェもおすすめです。

元気なときはどんな場所にいても大丈夫なのですが、心が落ちそうになっているときは、低いほうへ低いほうへと引っ張られがちです。もちろん、人生そういうときもありますが、「そろそろ脱出したいな」と思ったら、生き方でもファッションでも、決して低いほうを見ないこと。

かわりに、意識して雰囲気のいい素敵な場所へ行きましょう。きれいなものを観に行ったり、同年輩のおしゃれな人たちが集まる場に出かけて行って、キラキラのバイブレーションを浴びるのです。すると、「私もこんな格好をしていないで、もうちょっとここを変えようかしら」というように、自然と気持ちが上がりますよ。

おしゃれが心を支えてくれる

こうして心が上向くと、おしゃれも上向きになりますが、順番を逆にして、なるべくきれいな格好をしたり、きちんとヘアメイクをしたりすることで、心を上向かせることもできます。

もし、誰かに傷つけられたり意地悪されたりしたら、そういうときの最高の仕返しは、ナイスな服を着てきれいにヘアメイクして、楽しそうに笑っていること！　これに勝る仕返しはありません。

みじめな格好でみじめな顔をしているところを見せたら相手の思うツボですし、同じようなことをやり返したら、相手と同じステージに下りることになってしまいます。

そういうときこそ私は、いつもの1・2倍くらい時間をかけてメイクをし、きれいに装い、ずっと笑っているのです。すると、相手はひとりでに勢いを失い、退散していってしまいます。


もし、「今の私はサエない、おしゃれもうまくいかない。自分を変えたい」と思ったときは、美容院を変えましょう。

さらに、今まで使っていた化粧品を全部捨てて、2万円ほど握りしめて百貨店の化粧品カウンターに行き、年相応のブランドで化粧品を一式買い直してください。ファンデーションからペンシル類、グロスまで全部です。

すると、一気に今っぽくイケている自分に変わるので、それに合わせておしゃれもアップデート。素敵に一新された自分を見れば、気持ちも上向きになれます。

特に大人の場合、おしゃれ以前に自分本体のお手入れは必須。同じシャツを着ていても、本体がちゃんとしているほうがそれだけ素敵に見えるのは確実なのですから、おしゃれをどうしていいかわからなくなってしまったときほど、本体を劣化させないお手入れを強化しましょう。

こんなふうに、疲れたときは素敵な人や場所からバイブレーションを分けてもらったり、今よりちょっぴりでもきれいになれそうなことを試したりして、自分に自信を取り戻す。

人生とは、この繰り返しかもしれません。

それなら、この繰り返しによって、自分を鍛え、磨き続けていきましょう。

そのうちに、自分自身が素敵なバイブレーションを放ち、人に分けられる存在になっているはずです。

スタイルという「青い鳥」は、あなたの庭にいます

さて、ここまでスタイルの見つけ方についてさまざまなお話をしてきましたが、いかがでしたか？

ファッションにおけるスタイルとは、童話の「青い鳥」のようなものです。幼い兄妹、チルチルとミチルは幸せの青い鳥を探しに出かけますが、青い鳥は結局、自分たちのすぐそばにいました。

同じように、外へ探しに出ても、誰に聞いても見つからないけれど、自分の中を見つめてみれば、必ずスタイルという青い鳥はいます。自分に似合うもの、心地よいもの、好きなもの……それを大切にすることで、その小さな鳥をかわいがってあげてください。すると、あなたの青い鳥は姿を現すようになり、すくすくと育って、美しい声で鳴くようになります。すると人は振り返って、「あの人のスタイル、素敵ね」と言うのです。

この本が、みなさんひとりひとりの青い鳥に出会う助けとなりますように。そして、その小鳥がますます美しく育つように、願っています。

いく子の着かた、生きかた道場

ここからは、編集部に寄せられたおしゃれや人生に関するお悩みの中から、みなさんのお役に立ちそうなものをピックアップしてお答えしていきます。ぜひ、みなさんの「着かた、生きかた」の参考にしてみてください！

Q

私は優柔不断で、お買い物でも婚活でもなかなか決断できません。どれでもいい、誰でもいいわけではないけれど、どう選んでいいかわからないんです……。

A

第1章で、「今の服の売り方は多様化していて、どれも一長一短で正解がない」というお話をしましたが、それは男も同じなのです。男もみんな一長一短、だから誰を選んでもみんなハズレ！(笑)。きっと、あなた自身も心のどこかで「絶対的な正解はない、どれを選んでも何かしら悔いが残る」ということをなんとなくわかっているから、「どれもピンとこないな」とか「選べない」となってしまうのだと思います。

そんなあなたは、自分がいろいろ求めすぎていることに気づきましょう。そして、「選ぶ」というより「許す」という意識になってみてください。「ここが好きだからあとは許す」というように、自分にとってはここが譲れない、ここが大事なんだという、自分が求めていることをまずはっきりさせましょう。

Q―限られた予算の中でも、暮らしの質を上げるにはどうしたらいいですか？

A
どうでもいいことにお金をかけるのをやめることです。

暮らしの質を全体的に向上させようと思ったら、収入を上げなければなりませんが、使えるお金が限られているなら、優先順位をつけましょう。

たとえば、ロック好きの私がいつも一緒に遊んでいる20代の仲間たちに聞くと、彼らは好きなバンドを追っかけるために、職場にはお弁当を持っていって、お昼には500円も使わないそうです。

ほかにも、すばらしい豪邸に住んでいる人の服がファストファッションだったり、メイクと洋服にお金をかけている人の家がとても狭かったりと、何かを優先すれば暮らしのバランスはいびつになってしまいますが、人にどう思われようと、どうでもいいと決めたことにはお金を使わないこと。そうすれば、自分の求めている部分を向上させることができます。

Q

ママ友との距離感がわかりません。周りのママ友はみんな若くて、40代で子供が2人いる私は先輩ママ。仕切り役は苦手なのですが、やっぱり私がみんなを誘ったりするべき？

A

「苦手なことを無理してやらなくてもいい」という、この本の大きな趣旨が当てはまるケースですね。

仕切り役が苦手なら得意な人におまかせすればいいし、みんなとそれほど仲良くしたいわけではないなら、適度な距離感を持って、自分が「嫌だな」と思わない程度に参加しましょう。

仕切り役は年齢ではなく、単に誘うのが得意な人と苦手な人がいるだけで、若いママでもまとめるのが得意な人がいるはずです。そういう人におまかせして、あなたはその人のサポートに入りましょう。それで、「私はあなたよりちょっとお姉さんだから、何かあったときはよかったら相談して」と言っておいて、もし話があれば、自分が困らない範囲で聞いてあげるというのがあなたの仕事だと思います。

Q

似合うものや、着ていて気分が下がらないものを自分なりに選んでいるつもりですが、同僚には「いつも地味だね」と言われています。だからといって、いきなり赤とか柄ものの服を着る気にはなれないのですが……どうすれば地味だと思われないでしょうか?

A

地味なのは悪いことでも何でもなく、あなたのキャラなのです。ですからきっと、キャラと合わない赤や柄ものを着ても、「似合わないね」と言われて終わってしまうと思いますよ。だいたい、好きでもない赤や柄ものを、なぜその人のために着なければいけないのでしょう? 地味だとその人に思われたら、何か困ることでもありますか？　人生は短いのです。抵抗があるものなんて着なくてOK。「地味だね」と言われたら、「これが私のスタイルですから」と言いましょう。

ただ、もし自分でも地味見えが気になっているのであれば、服ではなくメイクを変えてみてください。チークとグロスはつけていますか？　第一印象に明るさと華やかさをプラスしてくれる、即効アイテムです。

Q　職場でもおしゃれを楽しむための工夫を教えてください。

A　服は、「着る目的と着て行く場所あってこそ」のものです。職場に行く目的は？　仕事に集中するためですよね。それなら、そこで着るべき服は「人に迷惑をかけず、賃金以上の働きをする服」。そこは気持ちを分けて割りきりましょう。そのほうが、自分が楽です。

どうしても収まらないおしゃれ心は、「実はこう見えて私、ヴィクトリアズ・シークレットの総レースのブラをしてるのよ」というように見えない部分に託すか、でなければできるだけ早く着替えて帰れる努力をしましょう。

Q

「今日は堅い雰囲気の会社へ伺うけれど、明日は華やかな雰囲気の会社へ伺う」というように、会う相手のファッションのテイストが毎日バラバラ。できるだけ合わせたいとは思うのですが、なかなか大変で……。

A

確かに仕事とはいえ、相手のテイストに応じて上から下まで毎回全部変えようとするのは大変ですよね。それなら、ベースの80〜90%程度は普段の自分が得意なテイストにしておいて、残りの10〜20%だけを相手に合わせるようにすると楽です。

華やかなお相手の日は、ストールやアクセサリーなど小物だけ流行っているものを入れる。コンサバなお相手の日は、ファッションで何かするより、髪や爪、眉、それから靴のお手入れをきちんとしたほうがコンサバに見えます。

Q　結婚式の服装についてアドバイスをください。

A　まず、身内として出席するときは、相手方のご両親より高価なジュエリーや服を身につけないこと。でないと、恥をかかせることになってしまいます。結婚している人の場合は、ご主人のお母様より高価なものを身につけるのもいけません。エチケットを守った結果、堅苦しくてダサい格好になってしまっても、それで相手の顔が立つならよいと思いましょう。

知人として出席するときは、祝福する気持ちが最も大切。同じ黒いドレスが、「今日は黒ミサ？」に見えてしまうか、上品に華やいで見えるかは、着ている人の気持ち次第だと思います。

以上は心構え的な意味でのポイントですが、おしゃれ的に注意したいポイントは、「張り切った感」を出さないことです。全部の爪にネイルアートをしたり、家じゅうのアクセサリーをつけて行ったりしないでください。昔は「よそゆき」という言葉があったように、オケージョン用の装いにはお金をかけたものですが、今はしだいにカジュアルに、さりげなくなってきている時代です。

服も迷った末に変なものを買ってスベるくらいなら、その分のお金で当日美容院へ行って、ヘアとメイクをやってもらったほうが素敵に見えます。髪と顔がきちんとしていると、シンプルなシルクのシャツを着ているだけでもフォーマルに見えるのです。

ヘアをオーダーするときのポイントは、「特別」とは言わずに、「いつもの髪形でチョイきれい」くらいにしてもらうこと。間違っても、ラメをつけたりお花をさしたりしないでください。そうして、あくまで「普段から私はこのくらい素敵なんです」という雰囲気でいきましょう。

Q

ファッションも恋愛も、ありのままの自分で勝負したほうがいい……とはわかっているのですが、モテるためには、ある程度は男性ウケを考えるべきでしょうか？

A

最初からありのままをさらけ出しすぎると相手は引いてしまいますから、最初だけはちょっと餌を与えたほうがいいでしょうね。

男性が好きな服は2つに分かれていて、エロいか、逆に幼いファンシーな感じか、どちらかです。そのどちらかの要素を、ちょっとどこかに入れるのが、いわゆる「モテ服」です。

ただ、そのときにあまりにも頑張って変身してしまうと、「狩り」を達成したが最後、そのまま一生変身していなければならないことにもなりかねません。エビをつければタイが釣れるかもしれませんが、ずっとエビを買い続けるわけにもいかないでしょう？　それなら、無理なく買えるくらいの餌にしておくべき。つまり、「普段の自分のやや上」くらいにしておいて、その後も長くつき合えるくらいの獲物をうまく釣り上げてください。

Q　**祖母の形見のブローチをいつも身につけています。イタくならないつけ方はあるでしょうか？**

A　ブローチは、10代か70歳以上の人が身につけると魅力的に見えるアイテムです。ですからあなたの場合は、心につけたらいいと思います。

Q **猫が好きなので、猫にちなんだポーチやハンカチなどをいつも身につけています。イタくならないためには、どうすればいいですか？**

A イタい人でもいいではないですか。だって、猫が好きなんですから！

Q **自分が好きな服と、人から似合うと言われる服が違う場合は、どちらを選ぶべきですか？　私はモノトーンが好きなのですが、人にはピンクなどの明るめの色が似合うと言われます。**

A 「似合っていても好きではない服」とか「似合っていてもおしゃれには見えない服」というのは、誰にもあるものですよね。それを着るのは、政治家など大勢に強く好印象を与える必要がある人の場合です。

そういう人は、カラーセラピストなどのアドバイスに基づいた服を着ますが、それは選挙で当選するとか、目的を達成することで自分の気分が上がるからこそ、着るのです。

あなたがそういう職業についているわけではないなら、自分が好きで気分が上がるほうを着てください。似合っていても気分が上がらないものは、置いておいたほうがよいでしょう。私も本当は茶系のカラーが似合うらしいのですが、着ると妙に立派なエレガントオバさんになってしまうので、それは着る気になれずに遠慮しています。

Q 流行が目まぐるしく変わる時代、もはや何を買えばいいのかわかりません。「これなら買って間違いない」というものを教えてください。

A 「間違いない」とか「一生もの」なんていうものは、ないのです。世の中も自分も、移り変わっていくものなのですから。流行にしても、「流行」というからには賞味期間はごく短いもの。ですから、わからない流行なら買わなくていい。

どうしても気になるものは、たとえばスニーカーなら専門店に行って「今いちばん売れている形はどれですか？」と聞いて、その中から好きなものを買いましょう。

あとは、手持ちのベーシックアイテムをアップデートすること。お金があるなら、ロレックスの時計やシャネルのマトラッセなど値崩れしないものを買えば、あとで趣味が変わっても売れるので、リスクは少ないと思います。

Q

お買い物に自信が持てません。自分で選ぶと、どうしても全部変になってしまう気がします。

A

それなら、「この人はセンスがいいな」と思う店員さんに声をかけて、相談してみましょう。ダサいと感じる店員さんとか、化粧品カウンターでもメイクがイケていないと思う美容部員さんに声をかけてはいけません。

そこで店員さんにアイテムを何か選んでもらい、試着してみてピンときたら「上下買い」をしてみましょう。ちゃんと選んだつもりなのに、家に帰ってコーディネートすると微妙になってしまうという人も、同じ日に上下をセット買いして、そのセットでずっと着るようにすると失敗がありません。または、その日自分が着ているトップス、ボトムスに合うものを買うようにしましょう。たくさんのものと組み合わせて着回そうと考えるのは、混乱のもとです。

Q

カジュアルな格好が好きなのですが、だんだん大人になってきて、そろそろ微妙？　と悩んでいます。とはいえ、いきなりコンサバ、エレガント系になるのもちょっと……。

A

突然、慣れないコンサバやエレガント系を着るのではなく、今までと同じ格好のままでいいので、ヘアメイクだけをきちんとしてみてください。

神戸や名古屋の女性がカジュアルな格好をしてもエレガントに見えるのは、ヘアメイクがとてもきれいだからです。コンサバやエレガントというのは、服のテイストだけの問題ではないのです。髪をちゃんとブローして、眉をきちんと描けば、カジュアルファッションでも大人らしい品格を感じさせることができます。

念のために申し上げますと、眉は普段から基本中の基本！　美人を目指すなら、眉をほったらかしにしているのは論外ですよ。

Q

40歳です。若作りにはなりたくありませんが、落ち着いた格好をしようとするとマダムになってしまいます。

A

それなら今は、そう悩みながらも毎日着ている今の服を、そのまま着続けることにしましょう。そして、自分本体を若々しく保つためのお手入れを強化してください。

多くの人は、本体のお手入れをほったらかしにして、着るものでなんとかしようとしがちなのですが、それは甘い考え。本体が若々しければ、同じものを着ていても見え方が変わるのですから、困ったときはまず「本体のお手入れ」です。

Q

50代後半になって、何を着ればいいのかわかりません。さすがにカジュアルは厳しいし、もはやシニア向けから選ぶしかないのでしょうか？

A

デパートではミッシー・コーナーで探すようにして、シニア向けには絶対に手を出さないでください。あとは、サイズ展開が豊富なZARAなどで、「今っぽいけどイタくないもの」を娘さんなどに相談しながら購入してはどうでしょうか？　足元は、スニーカーを履けば一気に今っぽくなりますし、よろけることもないのでおすすめです。

おわりに

若い頃、こんなことを考えたことはなかったのですが、人間誰でも年は取ります。生活、環境、経済状況などで人それぞれ少しは差があるかもしれませんが。

竜宮城のようなファッション業界で、長年、浦島太郎のように過ごしていた私。「おしゃれパワー」は永遠に持続するものだと思っていました。着倒せない服はない！　と傲慢な気持ちでいたのです。

しかしいつの間にか、「世間のトレンドおしゃれと自分の似合うおしゃれって違うんじゃないの？」とはっきり自覚することになりました。

加齢によるものだけではありません。人生を折り返したら、貪欲にいろいろなファッションスタイルに手を出し続ける限り、かえっておしゃれにはなれない、と考えるようになりました。

若いうちはその調子でもまだなんとかなっていたのですが、だんだんどうにもならなくなってきた。それは限りあるおしゃれパワーをムダに使っていたことが原因なのでは……？

かなりいい年になってからやっと気がついた私ですが、みなさんにはもっと早い段階で効率よくおしゃれパワーを使うことを考えていただけたら、と思いこの本を書いてみました。

お気に入りの日本のインディーズバンド、KETTLESの「オーケーオーケー」という曲に

「みんなと同じものが欲しくて探してるけどきっと無理そう。オーケーオーケー今あるものでなんとかしよう」

という歌詞があります。

本当に人間、人それぞれ体形も性格も個性があります。ないものねだりで夢を見ていた10代20代と違って、大人になったら自分の好きなテイスト、体形、個性のよいところを伸ばして生きてみませんか？

体形も性格も、努力してなんとかなるところと、ならないところがあります。歳を重ねれば重ねるほど、個性もより強くなります。

欠点ばかり気にしていると暗い気持ちになってしまいますし、誰でもどこかによいところ、美しいところはあるはず。それを強調すれば、欠点なんてかすんでしまいますよ。

完璧な人なんて何人いるのでしょうか。今の自分を受け止め、よいところを伸ばす。そしてちょっとだけ上を目指す。いつまでも欠点ばかり見てくよくよするなんて、損だと思います。

今の世の中、本当に5年後、10年後にはどうなるかわかりません。天候・社会情勢はもはや誰も予測できません。

「一生もの」を探すより、「今の自分を素敵に見せるもの」を探しましょう。「生き生きした今」があるから「素敵な未来」があるのだと思います。

人生いろいろあって、大変なことも楽しいこともあるけれど、自分とだけは一生のつきあい。

とりあえず、「今の自分」を愛して生きてみませんか？

私の大好きな伝説のドラァグクィーンのル・ポール嬢も言っています。

「自分を愛せないで他人は愛せないわよ！」

今の自分を愛してください。

ありがとうございました！

Ｌｏｖｅ　地曳いく子

本書は2016年6月に小社より刊行した『着かた、生きかた』を改訂し、文庫化したものです。

宝島社文庫

大人のおしゃれは、力の抜き方次第

（おとなのおしゃれは、ちからのぬきかたしだい）

2018年2月10日　第1刷発行

著　者　地曳いく子
発行人　蓮見清一
発行所　株式会社 宝島社
〒102-8388　東京都千代田区一番町25番地
電話：営業 03(3234)4621／編集 03(3239)0927
http://tkj.jp
印刷・製本　株式会社廣済堂

First published 2016 by Takarajimasha, Inc.
ISBN 978-4-8002-7993-4

JASRAC 出 1800137-801